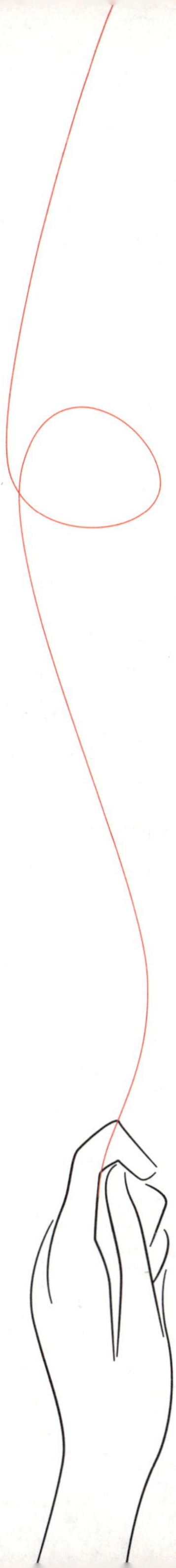

世间美好的事情，是爱有回应

高昌 - 主编

南方出版传媒
广东人民出版社
·广州·

图书在版编目（CIP）数据

世间美好的事情，是爱有回应 / 高昌主编．—广州：广东人民出版社，2017.10

ISBN 978-7-218-11928-1

Ⅰ．①世…　Ⅱ．①高…　Ⅲ．①诗集—中国—当代　Ⅳ．①I227

中国版本图书馆CIP数据核字（2017）第170172号

Shijian Meihao De Shiqing Shi Ai You Huiying

世间美好的事情，是爱有回应

高昌　主编

出 版 人：肖风华

责任编辑：马妮璐
装帧设计：今亮后声 HOPESOUND pankouyugu@163.com
责任技编：周　杰　易志华

出版发行：广东人民出版社
地　　址：广州市大沙头四马路10号（邮政编码：510102）
电　　话：（020）83798714（总编室）
传　　真：（020）83780199
网　　址：http://www.gdpph.com
印　　刷：深圳当纳利印刷有限公司
开　　本：880mm×1230mm　1/32
印　　张：13.25　　**字　数**：160千
版　　次：2017年10月第1版　2017年10月第1次印刷
定　　价：52.00元

如发现印装质量问题，影响阅读，请与出版社（020－83795749）联系调换。

售书热线：（020）83795240

目录

第一辑

海棠树吐出红色的芽苞，
问我梦见你有多少次了。

第二辑

好像是女人半松的裤带，
在等待着男性的颤抖的勇敢。

第三辑

我愿我的心是一条可爱的小径,
让她一步一歌地低徊在我的心上吧。

第四辑

一个神秘的微颤。

经过我们两心深处。

第五辑

以辫发的青缨作结，
说要系航海的明珠。

第六辑

只零落如过时蔷薇的花瓣，
传出单纯的辽远之音。

第七辑

美开了一家当铺，

专收人的心。

那捧玫瑰的手，
仿佛就是这世界的中心……

新诗的出现是20世纪中国最重要的文学现象之一。关于新诗的起源，学界说法众多。胡适先生1919年的《谈新诗》中将新诗的出现称作“八年来的一件大事”，是从1911年辛亥革命来算的。帝制崩塌，思想解放，确实为新诗的诞生做了思想上、时代上的诸多准备，而就目前史料所见，还是以胡适先生1917年2月在2卷6号《新青年》发表《白话诗八首》为最鲜明的一个标志。此前此后，出现了众多的尝试者和探索者，“牛叉”纷呈，“大神”众多，共同组建了新诗初年的灿烂星座。

新文化运动的洪流，冲开了各种礼教、家法的重重堤坝。恋爱自由、婚姻自主的呼声，在当年那种封闭沉闷的心理环境中激起了澎湃的巨浪。《妇女杂志》《学生杂志》等新式报刊纷纷推出“爱的专号”“配偶选择专号”“青年与恋爱专号”甚至“离婚专号”，各种爱情观念在这一阶段的新诗题材中占了巨大的份额，也给我们今天的阅读带来强烈的历史感和在场感。

自我意识的觉醒，个性情感的宣泄直至性爱观念的变化，是社会理念变化的一个最直观的标志。傅绍先先生在1926年出版的情诗选集《恋歌》的卷头语中说：“我们中国，向来禁谈情爱，男女爱欲，差不多大家看作一件不道德的事情。但是上帝造人的时候，早拿情爱注在我们祖先的血管里，流传下来，直到今日。所以我们一面虽被桎梏般的礼教束缚着，一面仍旧要任情地歌唱，将我胸中的悲哀，欢乐，愉快，抑郁完全抒写出来。……恋爱是创造人间唯一的工具。我们知道社会的文明，是由生物进化而来，那生物进化不是由两性爱来的吗？所以可以大胆的说，恋爱是神圣的，是艺术的，板着面孔的道学先生，固不配反对，就是我们也无所用其忌讳。亲爱的青年男女们，你爱她吗？你爱他吗？快尽情的唱。道旁的弟兄，园中的姊妹，正在这里等着你们，——唱呵，尽情的唱呵。”这段话写在新诗诞生后的第一个十年即将结束的时候，这里的“尽情”二字，尤其值得关注。

郭沫若先生在1920年1月18日致宗白华先生的一封信中说：“只要是我们心中的诗意诗境底纯真的表现，命泉中流出来的Strain，心琴上弹出来的Melody，生底颤动，灵底喊叫，那便是真诗，好诗，更是我们人类底欢乐底源泉，陶醉的美酿，慰安的天国。”这里的“生底颤动，灵底喊叫”，其实也就是“尽情”二字而已。

打开这本来自久远年代的爱情诗集，就仿佛走进一个玫瑰色的梦境。有数也数不清的浪漫的细节，有美丽如画的风景，有隽永如诗的哲思和深情，有蓬勃的梦，有绿色的爱，更重要的是有纯真的感觉……

空气中悬满了春的音符。轻轻一碰，就是回肠荡气叮叮咚咚的千千阕歌。歌词中的每一句，都是玫瑰、玫瑰、玫瑰……

谁能相信，在萧索的苟且现实里，还有一些生活在过去年代里的人，曾经手捧着孤独的玫瑰，小心地守护着一缕缕浪漫的春光？他们手捧着的那些温柔的芬芳和甜蜜的情感，在这个沉重的现实主义的世界里或许太清浅太轻微了，但是比火更灼热的是心灵，比夜更明亮的是眼睛，比酒更芬芳的是玫瑰——那玫瑰的小小的花盏里，贮满了幸福的呼唤和欢乐的想象。

这本爱情诗集里的每一颗心，都是柔软的，所以才有爱、有同情、有滚烫的温度、有柔韧的弹性和鲜红的色彩。那些野性的汉字们，让我知道了什么是豪迈。那些含羞的汉字们，让我知道了什么是柔情。我爱那些飘香的真挚的汉字，还有那些温暖的柔软微笑。我爱那些奔驰的滚烫的汉字，还有那些苍凉的起承转合。我爱那激动人心的悄吟，也爱那豪爽温馨的独白，还爱那些烈酒般的拥抱和热吻……

正如鲁迅先生所言，“这是血的蒸气，醒过来的人的声音”。触摸那久远雄浑的沧桑岁月，感受那原始本真的天然风光，倾听那桀骜不驯的动人天籁，贴近那单纯的、干净的、朴素而美丽的博大和宽广……随便长成一棵草，或者任意开出一朵小花。愿意是什么颜色的就是什么颜色的，愿意是什么形状就是什么形状……头顶是蓝蓝的广阔的天空，脚下是金色的辽阔的大地，身边是奔放的自由的风和豪迈的纯洁的歌声。这些宽肩膀的汉字们，高嗓门的汉字们，细线条的汉字们，含糖量高的汉字们，总让我有一种奔腾的冲动，有一种驰骋的欲望。仿佛扬鞭一啸，就可以雄姿英发地千里奔驰，远远甩开身后万丈红尘的所有束缚与名缰利锁的所有羁绊……

当然无论我如何努力，也无法把那束玫瑰从遥远的年代“想”到眼前的这台电脑屏幕上。那双捧玫瑰的手仿佛太遥远了，太遥远了，遥远得仿佛真的就只是一个玫瑰色的缥缈的梦。但是请相信，没有微信号的人也有爱，不会打手游的人也有梦，没有坐过高铁的人也有充满激情的远方。

远方，许多沉重的桂冠和黄金的宝座都像麦秸垛一样随着火焰散尽了光辉，这玫瑰却仍然年轻，捧玫瑰的手也仍然芬芳。那捧玫瑰的手指引着灵魂和梦想的方向，仿佛就是这世界的中心……

笔者写这篇序言的时候，恰好是 2017 年的 2 月 14 日。无论城市还是乡村，都有很多美丽的爱情故事在尽情地盛开着。想起我自己当年谈恋爱的情景，仿佛心头还涌动着甜蜜的波涛，如今我的儿子也开始悄悄写爱情诗了。调皮的时间跑得可真快。我很高兴把这些遥远年代的情诗推荐给今天的男孩女孩，算是来自情人节的一份特殊礼物吧。浸满了爱的文字是有温度的，春天万岁，真情万岁，荷尔蒙万岁！

最后，在文末附一首我自己写于 1988 年的短诗，作为选注这本诗集的一个小小纪念吧：

梧桐树下的约定

蛋黄的月光像个美丽的梦
蛋清的月光像份遥远的情

梧桐闭上沉醉的眼睛
茑萝绷紧柔弱的神经
好像寻找着什么秘密
好像等待着什么约定

云朵飞翔着的乌青的翅膀
悄悄被早晨的露珠洗干净

2017 年 2 月 14 日北京左东里

第一辑

海棠树吐出红色的芽苞，问我梦见你有多少次了。

醉 —————— 胡 适

醉过才知酒浓，

爱过才知情重；——

你不能做我的诗，

正如我不能做你的梦。

注：载 1917 年 2 月《新青年》第 2 卷第 6 号。后作为第三节，与另一首《梦与诗》合并为一首，即“都是平常经验，都是平常影象，偶然涌到梦中来，变幻出多少新奇花样！ // 都是平常情感，都是平常言语，偶然碰着个诗人，变幻出多少新奇诗句。// 醉过才知酒浓，爱过才知情重，你不能做我的诗，正如我不能做你的梦。”但以我个人观点来看，还是作为单独一首更耐咀嚼。

小诗 —————— 宗白华

生命的树上

凋了一枝花

谢落在我的怀里

我轻轻的压在心上

她接触了我心中的音乐

化成了小诗一朵

注：载 1937 年正风出版社《流云小诗》。

羞涩 —— 金克木

一笑便低下眉眼。

你有什么不如意吗？

得意才感到不安呢。

又被我猜对了吗？

乍来到世间旅行的生客，

你的自觉的悲哀开始了。

你已自己知道自己的可爱，

不久便会听到你的幽怨声了。

注：载 1936 年上海时代图书公司发行《蝙蝠集》。

风 —— 何达

我叫你给我一个名字
你说：“风”

立刻我好像听到
风的呼啸
　　卷起了雪
又从头上砍下来

你是要我
　　像风一样
用巨手
推送千张白帆万条浪
追赶着你
像追赶着光么？

倘若我叫风

请不要误认

那轻轻地钻过平静的柳条的

是我

假使我来找你

我将带着万里外的黄沙

向你倾泻直率的狂歌

（一九四三年）

注： 载 1949 年中兴出版社《我们开会》，此书由朱自清先生作序并帮助出版。

沙扬娜拉

徐志摩

——赠日本女郎

最是那一低头的温柔，

像一朵水莲花不胜凉风的娇羞，

道一声珍重，道一声珍重。

那一声珍重里有蜜甜的忧愁——

　　沙扬娜拉！

注：徐志摩先生 1924 年随印度著名诗人泰戈尔访问日本时所作，原为同名组诗最后一段，后独立成篇。

种 子 —————— 李 虹

——给江静

萧索的秋风

扫落了枯萎的叶子

种子

也跟着叶子掉下

种子

掉落在泥土里

不是一个生命的幻灭

而是拥抱着

倔强的意志

埋下一个由孕育而生产的春天呵

但是，

由冬天到春天的路上

没有冷酷的冰雪吗？

有的，

冰雪呵

要考验种子的坚贞

有骨头的种子

有信念的种子

才能以绿色的笑

迎接春天

注：载 1948 年 12 月 1 日版《彩色的画像》（诗号角丛书），李虹为笔名，作者本名黎风，当时在北平师大读书。江静生平不详。

无题 —— 彭丽天

这颗心是入定的一湖水，
没有云霞和夺目的虹霓，
没有落花带来春风的香，
但你来惊动起了这波浪。

这颗心是古旧的一张琴，
潇潇夜里弹泠泠的清音，
低低的幽咽，轻轻飞扬，
但你来挑动这火的歌唱。

注：写于1931年，载1937年4月版《晨夜诗庋》，该书由闻一多先生任发行人，并设计封面和作跋。作者当时为清华大学外语系学生。庋字读 guǐ，收藏的意思。

过伊家门外 ——————— 汪静之

我冒犯了人们的指谪，

一步一回头地瞟我意中人；

我怎样欣慰而胆寒呵。

注： 载上海亚东图书馆 1922 年 8 月初版《蕙的风》，作者为湖畔诗社诗人，被朱自清先生称为“专心作情诗”的四个年轻人之一（另三人为应修人、潘漠华、冯雪峰）。

无题 —— 胡适

电报尾上他加了一个字，

我看了百分高兴。

树枝都像在跟着我发疯。

冻风吹来，我也不觉冷。

风呵，你尽管吹！

枯叶呵，你飞一个痛快！

我要细细的想想他，

因为他那个字是“爱”！

注：这首诗写于 1941 年 12 月 7 日，作者时年 50 岁，仍有如此初恋般的情愫。诗是写给美国女子罗维兹的，那封在结尾加了一个“爱”的电报是 1938 年 7 月 7 日发来：Received forwarded letter today. Miss Laotouze unbelievably. Returning New York. Love. HsioHaiTze.

余英时先生译为：今天收到转来的信，想念“老头子”到了令人不能相信的地步。即返纽约。爱。“小孩子”。

不足之感

朱自清

他是太阳，
我像一枝烛光；
他是海，浩浩荡荡的，
我像他的细流；
他是锁着的摩云塔，
我像塔下徘徊者。

他像鸟儿，有美丽的歌声，
在天空里自在飞着；
又像花儿，有鲜艳的颜色，
在乐园里盛开着；
我不曾有什么，
只好暗地里待着了。

注：创作于 1920 年 10 月 3 日，内省的语气中极写心中的敬慕。作者当年夏天从北京大学哲学系毕业，在南方某中学任教。

寄之琳 —— 废名

我说给江南诗人写一封信去，

乃窥见院子里一株树叶的疏影，

他们写了日午一封信。

我想写一首诗，

犹如日，犹如月，

犹如午阴，

犹如无边落木萧萧下，——

我的诗情没有两片叶子。

注： 载 1944 年新民印书馆出版的《水边》（废名、开元合集）。之琳指的应该是诗人卞之琳先生。因为创作阅读心理的时代差异，民国诗人给同性写诗，有时候也整得像是表达爱情似的。前面朱自清先生的《不足之感》，同样让人产生如此联想。正所谓诗无达诂，我认为这首诗里的“两片叶子”，当成爱情表述也能解释得通，尽管与诗人创作初衷已相距甚远了。

小 夜

白 文

小夜以寂寞之门

闭住了竖琴的呼吸

我遂凭窗对眨眼的星星

默诉我心底的秘密。

神在清氛中注入浓郁的酒

醉了的我唱着无声之歌

声在天外，银河的彼岸

小夜沉静的足

停留在我的窗畔。

有谁在这小夜里默无声息

以无眠的眼诉他心底秘密。

注：此诗写于上海沦陷区。作者曾于1942年12月在上海与石挥等合演话剧《秋海棠》，其余生平不详。

春阴 —— 南星

海棠树吐出红色的芽苞，
问我梦见你有多少次了。
等到花谢时去数落英吧，
片片密藏着迷离的故事。

惊人梦的是火车的笛声，
雨落着山鸟又轻细地叫。
我张开了伞便垂下头来，
不见那一条春天的溪水。

注：作者姓杜，毕业于北京大学西语系，为 20 世纪 30 年代现代派诗人。

我们在月光底下缓步 —————— 玄 珠

我们在月光底下缓步，

　　你怕草间多露。

我们在月光底下缓步，

　　你如何懒懒地不说话？

我们在月光底下缓步，

　　你软软地头靠着我的肩窝。

我们在月光底下缓步，

　　你脉脉双眸若有深情难诉！

终于你说了一句：明日如何……

我们在月光底下缓步。

注： 写于 1927 年 8 月 9 日，载 1927 年《文学周报》第 5 卷第 16 期，玄珠即茅盾先生。这是一首茅盾轶诗，人民文学出版社《茅盾全集》也未收入。

能唱 —————— 王独清

你的头发，你的头发，——

你的头发是在闪着波浪，

里面好像满藏着温柔，又满藏着忧伤

哦，我觉得你的头发呀，能唱，

　　你的头发呀，能唱……

你的眉毛，你的眉毛，——

你的眉毛在给人诉说着失望，

是这样迷人的活动，这样迷人的又弯又长……

哦，我觉得你的眉毛呀，能唱，

　　你的眉毛呀，能唱……

你的眼睛，你的眼睛，——

你的眼睛好像有许多故事要讲，

那故事好像有一种会使人落泪的凄凉……

哦，我觉得你的眼睛呀，能唱，

　　你的眼睛呀，能唱……

哦，能唱，能唱，能唱……

你的头发能唱，

你的眉毛能唱，

你的眼睛能唱，

——但是你的口呀，却总是闭着不响！

注： 作者曾先后赴日本、法国留学，曾主编《创造月刊》，为创造社后期主要诗人之一。1940 年病逝，年仅 42 岁。其诗感伤，充满柔情。

温柔 —— 胡也频

你坐在荷花池畔的草地上，

将清脆的歌声流荡到花香里，

并诱惑我安静的心儿，

像飘渺的白云引着月亮。

你倦了，以明媚的眼光睨我

又斜过你含笑的脸儿，

如春阳里雪捏的美人，

软软地须要持撑。

我偷望远处的飘忽袖影，

灿烂在树上的艳冶阳光……

你的发儿已散漫到我的胸前了

并语我：那鸭群戏水是无意思。

啊！当你单独地走过绿荫，

那流泉岩畔的芷草，路旁的玫瑰，

与藕香亭下的百合，都羞怯了，

我不能唱着歌儿描你的美丽。

注：此诗写给恋人丁玲，纯真、热烈而奔放。作者 1931 年 2 月 8 日在上海龙华被当局杀害，为左联五烈士之一。

我的恋人 —— 戴望舒

我将对你说我的恋人，

我的恋人是一个羞涩的人，

她是羞涩的，有着桃色的脸，

桃色的嘴唇，和一颗天青色的心。

她有黑色的大眼睛，

那不敢凝看我的黑色的大眼睛——

不是不敢，那是因为她是羞涩的，

而当我依在她胸头的时候，

你可以说她的眼睛是变换了颜色，

天青的颜色，她的心的颜色。

她有纤纤的手，

它会在我烦忧的时候安抚我。

她有清朗而爱娇的声音，

那是只向我说着温柔的，

温柔到销熔了我的心的话的。

她是一个静娴的少女，

她知道如何爱一个爱她的人，

但是我永远不能对你说她的名字，

因为她是一个羞涩的恋人。

注： 写于 1928 年，诗人时年 23 岁，寄居在上海施蛰存处，爱上了施蛰存的妹妹施绛年。此诗收入 1929 年 4 月 1 日出版的诗人自编的第一本诗集《我底记忆》，诗集扉页印有 A Jeanne（给绛年）几个法文字。

伊的眼 —————— 汪静之

伊的眼是温暖的太阳；

不然，何以伊一望着我，

我受了冻的心就热了呢？

伊的眼是解结的剪刀；

不然，何以伊一瞧着我，

我被镣铐的灵魂就自由了呢？

伊的眼是快乐的钥匙;

不然，何以伊一瞅着我，

我就住在乐园里了呢?

伊的眼变成忧愁的引火线;

不然，何以伊一盯着我，

我就沉溺在愁海里了呢?

注：写于 1922 年 6 月 4 日，收录亚东图书馆 1922 年版《蕙的风》。

游云 —— 曲秋

飘忽的游云，

荡逸着在那山亭。

灰白的天海茫茫，

我欲度没有慈航。

严酷的冰冬呀！

请早随秋娘回来！

凝结了我的心儿，

莫让他凭空萦想。

注：曲秋即陈毅，这是一首比较少见的陈毅元帅的现代诗。原载 1925 年 9 月 23 日北京《晨报副刊》，署名“曲秋”。

夏夜 —————— 何其芳

在六月槐花的微风里新沐过了，

你的鬓发流滴着凉滑的幽芬。

圆圆的绿阴作我们的天空，

你美目里有明星的微笑。

菊花悄睡在翠叶的梦间，

它淡香的呼吸如流萤的金翅

飞在湖畔，飞在迷离的草际，

扑到你裙衣轻覆着的膝头。

你柔柔的手臂如繁实的葡萄藤

围上我的颈，和着红熟的甜的私语。

你说你听见了我胸间的颤跳，

如树根在热的夏夜里震动泥土？

是的，一株新的奇树生长在我心里了，

且快在我的唇上开出红色的花。

注：收入 1936 年出版的《汉园集》，为郑振铎编“文学研究会创作丛书”之一。这本书是三位北京大学文学院青年诗人的合集，内收何其芳的《燕泥集》、李广田的《行云集》、卞之琳的《数行集》。

春天的心 —— 林 庚

春天的心如草的荒芜

随便的踏出门去

美丽的东西到处可以拣起来

少女的心情是不能说的

天上的雨点常是落下

而且不定落在谁的身上

路上的行人都打着雨伞

车上的邂逅多是不相识的

含情的眼睛未必是为着谁

潮湿的桃花乃有胭脂的颜色

水珠斜打在玻璃车窗上

江南的雨天是爱人的

注：载 1934 年《现代》杂志五卷三期。废名先生赞其“很自然的、同时也是突然的，来一份晚唐的美丽”。

窗 —————— 莪伽

在这样绮丽的日子
我悠悠地望着窗
也能望见她
她在我幻想的窗里
我望她也在窗前
用手支着丰满的下颌
而她柔和的眼
则沉浸在思念里

在她思念的眼里
映着一个无边的天
那天的颜色
是梦一般青的

青的天的上面

浮起白的云片了

追踪那云片

她能望见我的影子

是的，她能望见我

也在这样的日子

因我也是生存在

她幻想的窗里的

注：这首诗写于诗人在常州任教时期，发表于 1936 年 12 月《新诗》月刊一卷三期。莪伽就是艾青先生。

窗 —— 陈敬容

你的窗

开向太阳

开向四月的蓝天

为何以重帘遮住

让春风溜过如烟?

我将怎样寻找

那些寂寞的足迹

在你静静的窗前

我将怎样寻找

我失落的叹息?

让静夜星空

带给你我的怀想吧

也带给你无忧的睡眠

而我 如一个陌生客

默默地 走过你窗前

注: 1939 年 4 月写于成都，载文化生活出版社 1948 年版《盈盈集》。原作二首，这里选录第一首。

笑的种子

李广田

把一粒笑的种子
深深地种在心底，
纵是块忧郁的土地，
也滋长了这一粒种子。

笑的种子发了芽，
笑的种子又开了花，
花开在颤着的树叶里，
也开在道旁的浅草里。

尖塔的十字架上

开着笑的花，

飘在天空的白云里

也开着笑的花。

播种者现在何所呢，

那个流浪的小孩子？

永记得你那偶然的笑，

虽然不知道你的名字。

注: 载1936年出版的《汉园集》(三位青年诗人的合集，内收何其芳的《燕泥集》、李广田的《行云集》、卞之琳的《数行集》)。

Imitation of Love —— 赵景深

且在这园里漫步，

假装着你是我的爱侣。

缓缓的踏着细沙，

絮絮的说着碎语。

热的阳光照着校园，

且拣那荫翳处躲避。

说着别人的蔷薇之梦，

就算是说的我们自己。

我怕你会拒绝我，

不敢将爱字向你提起。

且让我多欺骗自己一会吧，

别让这一点幼苗枯萎。

蹲在花坛前，你立得瘦了，

越发像是一个小小的孩儿。

你仰望着高树要采那樱桃，

且当我勇士，勇敢的攀援上去。

注：题目 Imitation of Love 意为假装的爱。载《南风》1939 年 1 卷 1 期。

春

穆 旦

绿色的火焰在草上摇曳，

他渴求着拥抱你，花朵。

反抗着土地，花朵伸出来，

当暖风吹来烦恼，或者欢乐。

如果你是醒了，推开窗子，

看这满园的欲望多么美丽。

蓝天下，为永远的谜迷惑着的

是我们二十岁的紧闭的肉体，

一如那泥土做成的鸟的歌，

你们被点燃，却无处归依。

呵，光，影，声，色，都已经赤裸，

痛苦着，等待伸入新的组合。

注: 这首诗写于 1942 年 2 月，意象缤纷，充满野性的力量。穆旦先生曾对《春》作过多次修改，此处依照人民文学出版社出版的版本。据李章斌先生考证（见 2009 年第 5 期《中山大学学报》），《春》第 10 行在《穆旦诗集（1939-1945）》（1947 年 5 月作者自费出版）中为：“你们被点燃，卷曲又卷曲，却无处归依。”而在《穆旦诗选》（杜运燮编，人民文学出版社 1986 年初版）中则是“你们被点燃，却无处归依。”其他诗句也曾有过多次修改。例如第 5-8 行，即有三个不同版本：“如果你是女郎，把脸仰起，/ 看你鲜红的欲望多么美丽。// 蓝天下，为关紧的世界迷惑着 / 是一株廿岁的燃烧的肉体，”见 1942 年 5 月 26 日《贵州日报 · 革命军诗刊》；“如果你寂寞了，推开窗子，/ 看这满园的欲望多么美丽。// 蓝天下，为永远的谜迷惑着 / 是人们二十岁的紧闭的肉体，”见 1947 年 3 月 12 日《大公报 · 星期文艺》（天津版）；“如果你是醒了，推开窗子，/ 看这满园的欲望多么美丽。// 蓝天下，为永远的谜迷惑着 / 是我们二十岁的紧闭的肉体，”见《穆旦诗集（1939-1945）》第 81 页，1947 年 5 月作者自费刊印。

冬 夜 —— 辛 笛

安坐在红火的炉前，

木器的光泽诳我说一个娇羞的脸；

抚摩着褪了色的花缎，

黑猫低微地呼唤。

百叶窗放进夜气的清新，

长廊柱下星近；

想念温暖外的风尘，

今夜的更声打着了多少行人。

注：载 1948 年森林出版社《手掌集》。诗末作者自注“1934 年 12 月西山松堂一夜”。

鸟儿飞去

朱英诞

什么鸟儿伴着你飞去，

那海鸥的巢在哪儿，

你堕地的哭声？

是不是那一片神秘的大海？

什么鸟儿伴着你飞去，

那白鹇的巢在哪儿，

你初恋的美？

是不是那凄凉的月？

什么鸟儿伴着你飞去，

那鶺鴒的巢在哪儿，

你六月的新娘？

是不是那一条小园里的斜枝？

什么鸟儿伴着你飞去，

那乌鸦的巢在哪儿，

寒冷的人哪？

是不是那落日里的岩石？

注： 朱英诞 1940 年至 1941 年曾在日伪统治下的北京任北大讲师，在沦陷区文坛颇活跃。其作品清丽隽永，在《中国沦陷区文学大系》等书中多有收录。

姑娘 —————— 陈辉

三月的风，

吹着杏花。

杏花，

一瓣瓣地，

一瓣瓣地，

在飘，

在飘呀。

姑娘，

坐在井边，

转动了辘轳，

用眼睛，

向哥哥说话……

——哥哥，

哪儿去呀？

哥哥，

笑了一笑，

背着土枪，

跑向响炮的地方去了。

杏花，

飘在姑娘的脸上。

姑娘，

鼓着小嘴巴，

在想：

这一声，

该是哥哥放的吧？

注： 这首诗选自魏巍主编的《晋察冀诗抄》。作者陈辉 1945 年被日伪军杀害，年仅 24 岁。

游 女 —— 黄雪尘

风从花里飘香。

底事有蜜蜂之记忆？

垂杨遮不断寻芳之路，

冬天里的春天！

桃花恃东风的受宠，

游女的笑靥有那样的粉红。

磁石的眸子；

转恨自己有颗铁的心了……

注：载 1948 年中兴日报社出版的诗集《梦》。

八重子 —— 戴望舒

八重子是永远地忧郁着的，
我怕她会郁瘦了她的青春。
是的，我为她的健康挂虑着，
尤其是为她的沉思的眸子。

发的香味是簪着辽远的恋情，
辽远到要使人流泪；
但是要使她欢喜，我只能微笑，
只能像幸福者一样地微笑。

因为我要使她忘记她的孤寂，

忘记萦系着她的渺茫的乡思，

我要使她忘记她在走着

无尽的、寂寞的、凄凉的路。

而且在她的唇上，我要为她祝福，

为我的永远忧郁着的八重子，

我愿她永远有着意中人的脸，

春花的脸，和初恋的心。

注： 八重子为日语人名，是一位日本舞女。戴望舒为笔名，语出屈原《离骚》：“前望舒使先驱兮，后飞廉使奔属”。

偷寄 —— 应修人

行行是情流，字字心，

偷寄给西邻。

不管娇羞紧，

不管没回音，——

只要伊

读一读我底信。

注：西邻是泛指，邻居的意思。

无 题 —— 张爱玲

他的过去里没有我

曲折的流年

深深的庭院

空房里晒着太阳

已经成为古代的太阳了

我要一直跑进去

大喊："我在这儿!

我在这儿呀！"

注：这首诗载1945年6月第21期《天地》，出现在胡兰成的文章《张爱玲与左派》中。

银 鱼

施蛰存

横陈在菜市里的银鱼，

土耳其风的女浴场，

银鱼，堆成了柔白的床巾，

魅人的小眼睛从四面八方投过来。

银鱼，初恋的少女，

连心都要袒露出来了。

注： 银鱼为淡水鱼，体长略圆，细嫩透明，因色泽如银而得名，与松江鲈鱼、黄河鲤鱼、长江鲥鱼，并称中国四大名鱼。

邮吻 —————— 刘大白

我不是不能用指头儿撕，
我不是不能用剪刀儿剖，
只是缓缓地
　　轻轻地
很仔细地挑开了紫色的信唇；
我知道这信唇里面，
藏着她秘密的一吻。

从她底很郑重的折叠里，
我把那粉红色的信笺，
很郑重地展开了。
我把她很郑重地写的
一字字一行行，
一行行一字字地
很郑重地读了。

我不是爱那一角模糊的邮印，

我不是爱那幅精致的花纹，

只是缓缓地

　　轻轻地

很仔细地揭起那绿色的邮花；

我知道这邮花背后，

藏着她秘密的一吻。

注：这首诗写于 1923 年，收入 1926 年出版的作者第二部新诗集《邮吻》。

山里的小诗 —— 冯雪峰

鸟儿出山去的时候，

我以一片花瓣放在他嘴里，

告诉那住在谷口的女郎，

说山里的花已开了。

注： 最早收录在湖畔诗社 1923 年版《春的歌集》。单纯透明，真挚深情。

欢 乐 —— 何其芳

告诉我，欢乐是什么颜色？
像白鸽的羽翅？鹦鹉的红嘴？
欢乐是什么声音？像一声芦笛？
还是从稷稷的松声到潺潺的流水？

是不是可握住的，如温情的手？
可看见的，如亮着爱怜的眼光？
会不会使心灵微微地颤抖，
而且静静地流泪，如同悲伤？

欢乐是怎样来的？从什么地方？

萤火虫一样飞在朦胧的树阴？

香气一样散自蔷薇的花瓣上？

它来时脚上响不响着铃声？

对于欢乐，我的心是盲人的目，

但它是不是可爱的，如我的忧郁？

注： 载 1933 年 3 月 5 日成都《社会日报 · 星期论坛》第 7 期。

一个深夜的记忆

鲁 藜

月光流进门槛

我以为是阳光

开门，还是深夜

不久，有风从北边来

仿佛吹动了月亮的弓弦

于是我听见了黎明的音响

河岸被山影压着

有星流过旷野去

我感觉到，万物还在沉睡

只有我是最初醒来的人

注：载 1943 年希望社《醒来的时候》（七月诗集之一）。这首诗写的是生命的觉醒，也是爱的觉醒。

蕾 —— 邹荻帆

一个年轻的笑

一股蕴藏的爱

一坛原封的酒

一个未完成的理想

一颗正待燃烧的心

注： 这首诗写于 20 世纪 40 年代，诗人曾卓 20 世纪 80 年代评论说：“这首小诗是四十多年前写的。诗人当时也还年轻。也可以将这首小诗当作是他自己的写照，虽然他可能完全没有想到这一点。因为，正是出于他对生活的爱和理想的追求，才有可能使他在一朵小小的花蕾上有了这样丰富的感觉，或者说，他在对一朵小小的花蕾的赞美中，寄托了他的情怀。使诗中活跃着一种青春的乐观和活力。”

恋女之篱笆

徐迟

你的头发是一道篱笆，

当你羞涩一笑时，

紫竹绕住了那儿的人家。

因为你是闪闪躲躲的，

在恋人的我的面前，

也是永日奉羞涩为你的篱笆的。

如今我记不起你眼眉的一瞥，

只有我伏着窥视过的篱笆，

我记得开放在上面的是一朵黄花。

注：此诗写于 1935 年，载 1936 年版诗集《二十岁人》。

是你告诉了杏花么 —— 罗吟圃

是你告诉了杏花么？

它一见我就低头。

是你告诉了黄鸟么？

它对我唱个不休。

透漏了这秘密的消息，

教满园顷刻都传遍。

你再走过玫瑰丛时，

多管你同样的红了脸。

注：载 1930 年上海泰东图书局印行《纤手》。

第二辑

好像是女人半松的裤带，在等待着男性的颤抖的勇敢。

颂 —— 沈从文

说是总有那么一天，

你的身体成了我极熟的地方，

那转弯抹角，那小阜平冈；

一草一木我全知道清清楚楚，

虽在黑暗里我也不至于迷途。

如今这一天居然来了。

我嗅惯着了你身上的香味，

如同吃惯了樱桃的竹雀；

辨得出樱桃香味。

樱桃与桑葚以及地莓味道的不同，

虽然这竹雀并不曾吃过桑葚与地莓也明白的。

你是一枝柳，

有风时是动，

无风时是动：

但在大风摇你撼你一阵过后，

你再也不能动了。

我思量永远是风，

是你的风。

注：载 1931 年版《新月诗选》。

亲密 —————— 陆志韦

口的呼吸，

心的跳。

半山里的白云，

白云里的隐笑。

待到白云消，

我们羽化了。

注：写于 1921 年 12 月 8 日。

蛇 —— 邵洵美

在宫殿的阶下，在庙宇的瓦上，

你垂下你最柔嫩的一段——

好像是女人半松的裤带

在等待着男性的颤抖的勇敢。

我不懂你血红的叉分的舌尖

要刺痛我哪一边的嘴唇？

他们都准备着了，准备着

这同一个时辰里双倍的欢欣！

我忘不了你那捉不住的油滑
磨光了多少重叠的竹节：
我知道了舒服里有伤痛，
我更知道了冰冷里还有火炽。

啊，但愿你再把你剩下的一段
来箍紧我箍不紧的身体，
当钟声偷进云房的纱帐，
温暖爬满了冷宫稀薄的绣被！

注：载诗集《花一般的罪恶》（1928年5月，上海金屋出版社）。诗集广告中说："……他的诗格，是轻灵的，娇媚的，浓腻的，妖艳的，香喷的；而又狂纵的，大胆的——什么都说得出来，人家所不能说不敢道的。简直首首是香迷心窍的灵葩，充满着春的气息肉的甜香，包含着诱惑一切的伟大魔力。"

雨中过二十里铺 —— 陈梦家

水车上停着的乌鸦，

什么事不飞呀？飞呀！

葫芦爬上茅顶不走了，

雨落在葫芦背上流。

静静的老牛不回家

在田塍上听雨下。

草屯后走来一群

白鹅，在菱塘里下碇。

小村姑荷叶做蓑衣，

采采红梦罢，云在飞呢！

雨，洗净了红菱，洗净

那一双藕白的雪胫。

注：载 1933 年 12 月 9 日《大公报 · 文艺副刊》。

招远 —— 南星

你来，到南方来，

给你笨重的火车和响亮的大铃。

你坐着，摇动你的身子，

像坐在双轮骡车里一样，

早晨阳光在大城中送你，

下午阳光把乡野给你，

迎接你的是这个乡野人，

你要笑我的衣服和神色么？

因为我常在土块和露珠中间，

身上有劳苦，脚上有泞泥，

我想地上有两个影子，

你的脚上也有这样多的泞泥。

乡野的月亮是大而且圆的，

我们就为了工作欢乐，

播种和收获必都丰富：

你来，到南方来。

注：作者为 20 世纪 40 年代沦陷区诗人，姓杜。

晚 祷

梁宗岱

——呈敏慧之二

我独自地站在篱边。

主呵，在这暮霭的茫昧中。

温软的影儿恬静地来去，

牧羊儿正开始他野蔷薇的幽梦。

我独自地站在这里，

悔恨而沉思着我狂热的从前，

痴妄地采撷世界的花朵。

我只含泪地期待着——

期望有幽微的片红

给暮春阑珊的东风

不经意地吹到我的面前：

虔诚地，静谧地

在黄昏星忏悔的温光中

完成我感恩的晚祷。

注： 这首诗写于 1924 年，作者当时在广州培正中学读书，敏慧是作者热恋的一个少女，后因父母干涉，被迫结束恋情。

我喜欢你 ——— 小 兵

你的聪明像一只鹿，

你的别的许多德性又像一匹羊，

我愿意来同羊温存，

又耽心鹿因此受了虚惊，

故在你面前只得学成如此沉默；

（几乎近于抑郁了的沉默！）

你怎么能知？

我贫乏到一切：

我不有美丽的毛羽，

并那用言语来装饰他热情的本能亦无！

脸上不会像别人能挂上点殷勤，

嘴角也不会怎样来常深着微笑，

眼睛又是那样笨——

追不上你意思所在。

别人对我无意中念到你的名字，

我心就抖战，

身就沁汗！

并不当到别人，

只在那有星子的夜里，

我才敢低低的喊叫你底名字。

二月于北京

注： 1926 年 2 月写于北京，3 月刊于《晨报副刊》，署名小兵，即沈从文。

灯笼

徐訏

树梢风声如吟，

使我再无睡意，

于是我手提灯笼，

走到碧莲峰底。

我看见万种星星，

点点都是缠绵，

还有月色如蜜，

竟把山色涂遍。

后来白云飞来，

星星化为雨点，

它把山梢月色，

轻洒灰白河面。

怪你夜来贪睡，

辜负了风情雨意，

但我因有灯笼在手，

竟把它当作了你。

注：这首诗 1942 年 8 月 11 日写于桂林阳朔。

给—— ————— 殷 夫

冷风刮过你的面颊，

我只低头凝思，

你呜咽着向我诉说，

但天哟，这是最后一次。

死的心弦不能作青春的奏鸣，

凝定的血液难叫它热烈的沸腾，

我今天，好友，告别你，

秋日的寒风要吹灭了深空孤星。

我没有眼泪来倍加你的伤心，

我没有热情来慰问你的孤零，

没有握手和接吻，

我不敢、不忍亦不能。

请别为我啜泣，

我委之深壑无惜，

把你眼光注视光明前途，

勇敢！不用叹息！

注：这首诗写于 1928 年 10 月 31 日。

一串疯话 —— 林徽因

好比这树丁香，几枝山红杏，

相信我的心里留着有一串话，

绕着许多叶子，青青的沉静，

风露日夜，只盼五月来开开花！

如果你是五月，八百里为我吹开

蓝空上霞彩，那样子来了春天，

忘掉腼腆，我定要转过脸来，

把一串疯话全说在你的面前！

注：原载1948年2月22日《经世日报·文艺周刊》第58期。林徽因，原名徽音，出自《诗经小雅》，意为美好声誉。后因有男性用林微音的名字发表作品，林徽音改名“林徽因”。

妹妹你是水 —— 应修人

妹妹你是水，

你是清溪里的水。

无愁地镇日流，

率真地长是笑，

自然地引我忘了归路了。

妹妹你是水，

你是温泉里的水。

我底心儿他尽是爱游泳，

我想捞回来，

烫得我手心痛。

妹妹你是水，

你是荷塘里的水。

借荷叶做船儿，

借荷梗做篙儿，

妹妹我要到荷花深处来！

注：载《春的歌集》，湖畔诗社 1923 年版。

北山坡上 —— 穆木天

山洼的夹道上走过了一个担水桶的乡人

断续地激送来山泉中的一声一声的打水的响动

山寺的晚钟徐徐地滑渡在绿荫的梢上

徘徊的野犬对着我们欲吠却不敢张狂

看不见有飘动的游人的阴影来往

听不见有感伤的爱的心搏微微振漾

只有我们两个并仰卧在茸茸的青草地上

瞅着流荡出一根一根的月亮的光芒

注：载诗集《流亡者之歌》（1937），该书作品作于1930年至1936年。

静 夜

成仿吾

一

死一般的静夜!

我好像在空中浮起,

渺渺茫茫的。

我全身的热血,

不住地低声潜跃,

我的四肢微微地战着。

注:载1927年9月创造社月刊《流浪》。

二

我漂着，

我听见大自然的音乐。

徐徐的，清清的，

我跟着他的音波，

我把他轻轻吻着

我也飞起轻轻的。

温柔 —— 李金发

我以冒昧的指尖，

感到你肌肤的暖气，

小鹿在林里失路，

仅有死叶之声息。

你低微的声息，

叫喊在我荒凉的心里，

我，一切之征服者，

折毁了盾与矛。

你“眼角留情”，

像屠夫的宰杀之预示；

唇儿么？何消说！

我宁相信你的臂儿。

我相信神话的荒谬，

不信妇女多情。

（我本不惯比较）

但你确像小说里的牧人。

我奏尽音乐之声，

无以悦你耳；

染了一切颜色，

无以描你的美丽。

注： 这组诗共四首，这是第四首。载 1925 年出版的诗集《微雨》，该诗收录作者 1920 年至 1923 年期间创作的 99 首诗作。

天神似的英雄 —— 徐志摩

这石是一堆粗丑的顽石，

这百合是一丛明媚的秀色，

但当月光将花影描上石隙，

这粗丑的顽石也化生了媚迹。

我是一团臃肿的凡庸，

她的是人间无比的仙容；

但当恋爱将她偎入我的怀中，

就我也变成了天神似的英雄！

注：这首诗写于 1927 年前后，收入《翡冷翠的一夜》。

八行小唱 —— 路易士

从前我真傻，

没的玩耍，

在暗夜里，

期待着火把。

如今我明白，

不再期待，

说一声干，

划几根火柴。

注：载《三十前集》，1945年4月上海诗领土社初版，为“诗领土社丛书第一种”。路易士即纪弦。

鼠嫁女 —— 陈江帆

无灯的院落，

山妻为我诉说鼠嫁女，

是千百年的习俗，

今夜莫惊扰它的婚仪。

檐阶许有鼠的行列，

山妻的语声细细，

我张开私窥的眼睛，

晕月如猫爬过墙来。

注：作者为 20 世纪 30 年代香港诗人，此诗转引自《香港新诗发展史》（人民文学出版社 2014 年 5 月版）。

小 诗 —————— 王统照

多年的秋灯之前，

一夕的温软之语，

如今随著飞尘散去，

不知那时的余音，

又落在谁的心里？

注：王统照《小诗》76 首连载于 1922 年 3 月 5 日至 18 日北京《晨报副刊》，这里选其一首。

病榻 ——— 绛燕女士

瓶花萦回着温柔的香气
轻软的被褥也全是温柔的
小病是有着闲适的趣味的。

绣枕边的私语是低低的
一些煦问，一瞬怜惜的眼光
今天你是有更多的温柔的。

你的声音放得更低、更低
听不清，什么？一个吻吗
亲爱的，可以，但是要轻轻地。

注： 载《微波辞》（重庆独立出版社，1940 年版）。绛燕女士即诗人沈紫曼，本名沈祖棻。她的新诗写得不错，而旧体诗词名气更大。

隐 痛 —— 潘漠华

我心底深处，

开着一朵罪恶的花，

从来没有给人看见过，

我日日用忏悔的泪洒伊。

月光满了田野，

我四看寂寥无人，

我捧出那朵花，轻轻地，

给伊浴在月底凄清的光里。

注：写于 1921 年 12 月 16 日，载入 1922 年汪静之、潘漠华、应修人、冯雪峰四人合集《湖畔》。

云和月

郑振铎

——寄 M

我若是白云呀，我爱，

我便要每天的早晨，在洒满金光的天空，

从远远的青山，浮游到你的门前。

当你提了书囊出门时，

我便要随了你，投我的阴影在你身，为你

遮着日光了。

我若是小鸟呀，我爱，

我早已鼓翼飞到你的窗前，

当黄昏时，停在梨树的枝头，

看着你在微光里一针一针地缝你的丝裳。

只要你停针，抬头外望，

我便要唱歌，一只爱的歌

给你听了。

我若是月光呀，我爱，

我便当高高的挂在中天，

用我的千万只眼，照进白纱的帏帘，

窥望着你在甜蜜的眠着。

只要你的身向外转侧，

我便要在你的前额，不使你警觉，轻轻的
密吻着了。

注：写于1923年4月29日，夜。

我的梦 —————— 覃子豪

在破碎的石子路上

有村女的笑声

有田中的稻香。

我的梦

在静静的海滨

在海藻的香味

有星有月有白云。

我的梦

在破碎的笔杆上

有单恋的情味

有泪珠的辉芒。

注：载 1935 年北平出版《剪影集》（作者与朱颜（锡侯）、周麟、贾芝、沈毅五人合集）。覃子豪 1947 年赴台湾，后与纪弦（路易士）、钟鼎文（番草）并称台湾诗坛三老。

呵，我爱的……

殷夫

呵，我爱的姑娘在那边，

一丛青苍苍的藤儿前面；

草帽下闪烁着青春面颊，

她好似一朵红的，红的玫瑰。

南风欣语，提醒了前夜：

疏淡的新月在青空阑珊，

我们同坐在松底溪滩，

剖心地，我俩密密倾谈。

古刹的钟声，清淡，

她的发香，似幽兰；

我们同数星星，

笑白云儿多疏懒。

看，她有如仙嬛，

胸中埋着我的情爱，

呵，我的爱是一朵玫瑰，

五月的蓓蕾开放于自然的胸怀。

注： 这首诗写于 1927 年作者第一次被捕出狱之后。鲁迅曾说他的诗“是东方的微光，是林中的响箭，是冬末的萌芽，是进军的第一步，是对于前驱者的爱的大纛，也是对于摧残者的憎的丰碑。一切所谓圆熟简练，静穆幽远之作，都无须来作比方，因为这诗属于别一世界”。

我的恋人 —————— 孙道临

看群麦一齐低下他们企望的头颈

在田垄上，在我忧愁的眼里

出现了你的身材

你的灵魂如一颗白色的月亮

浮沉于风雨之内

乌云日日展开他们的翅翼

环绕着你而飞

看当你提起一个披肩而来的时候

你的影子多么不安定啊

它飘动着如一个水质的凝体

我将推开这扇萎弱的柴门

顺着群麦中的小路走来吧

我会用黑暗的手臂

温暖你的灵魂，让你的灵魂

如一盏白色的灯火跟随着我的快马

越过风雨的田垄去吧

白日的河流已经到了狂暴的时候

我们的梦想在无尽地飘流，我的恋人

为什么要问

甚么地方我们可以静一静呢

注：1940 年春写于燕园。这是著名演员、导演孙道临年轻时的现代诗作品。

雨 雪

金克木

我喜欢下雨下雪，

因为雨雪是你的名字。

我喜欢雨和雨中的小花伞，

我们可以把脸在伞下藏着；

我可以仔细比比雨丝和你的头发，

还可以大胆一点偷看你的眼睛。

我喜欢有一阵微风迎面吹来，

于是你笑了笑把伞转向前面；

我喜欢假装数伞上的花纹，

却偷看伞的红光映上你的脸；

于是我们把脚步放得更慢、更慢，

慢慢听迎面来的细语的雨点。

我喜欢春天的江南，江南的春天；

我喜欢微雨的黄昏，黄昏的微雨；

我喜欢微雨中小小的红花纸伞；

我喜欢下雨，因为我喜欢你。

但我更喜欢晶莹的白雪，

愿意作雪下的柔软的泥。

注：选自1936年第1期《新诗》

赠绿漪芷丽

汪静之

闲立在栏杆内，

莲花那般亭亭。

心性儿海棠般娇，

品格儿水仙般清。

丝发儿蓬头，

胜似轻云的松松。

微微低脸沉吟——

一朵含羞的白芙蓉。

山巅的积雪一样纯洁，

风中的落花一样轻盈。

全个人儿都素雅，

宛如明月化成。

频送水一样的眼波。

软融了我的心灵。

丑的人间竟有美的你，

我为你的美而生！

注：写于1923年初夏，杭州。诗人曾为自己的爱人起爱称“绿漪”，因被爱人的朋友取笑，后又称其为“芷丽”。题目中将两个名字合在一起。

她像 —— 方令孺

她像是夏夜的流萤，

光明随着季候消尽。

是海上的渔火，

在波涛里闪烁。

她像一缕轻云，

随着秋风浮沉。

更像深林里的枭鸟，

只爱对着幽暗默祷。

我从哀梦里醒来，

我哭风吹动长槐。

注：选自1932年7月《诗刊》第四期。

致某某 —— 刘梦苇

雀鸟喧噪在门前的树间，

晨光偷进我深沉的梦境：

惊醒后起来奔赴到院前，

领略朝阳初现时的美景；

但我重忆起了你的华颜，

你比朝阳还要娇艳几分！

炎日燃烧在清朗的中天，

树荫下只有我独在纳闷：

碧澄澄的池水蒸发开，

我春情的海潮已经沸腾，

但我重忆起了你的情焰，

你比炎日还要热烈几分！

夕照悬挂在深邃的林边，

向人间赠送最后的离情：

叹气似的吐轻雾在树巅，

缕缕袅绕穿过黄昏底心；

但我重忆起了你的爱恋，

你比夕照还要缠绵几分！

注： 载 1931 年出版的《新月诗选》。

种树 —— 朱生豪

诗人说："诗是像我这种蠢材做的，只有上帝能造一株树。"

——题记

我要在庭心里种一株树，

用五十年的耐心看它从小变老，

我要在树底度我的残年，

任秋风扫着落叶。

为着曾经虐待过我的女郎，

我要在树干上刻满她的名字，

每一片叶上题着惨毒的相思，

萦秋风吹下落叶。

我将赍着终古的怨恨死去，

我要伐下这树作我的，

棺木，当末一序的秋风，

卷尽了落叶。

注： 见于《扬子江诗刊》2004 年第一期夏夜清《落笔文华洵不群》。朱生豪先生 1944 年 12 月 26 日逝世，以翻译莎士比亚最为著名。这首诗是写给宋清如的，他写给宋女士的情书中也颇多明丽隽永之句。如：

“为什么我一想起你来，你总是那么小，小得可以藏在衣袋里？我伸手向衣袋里一摸，衣袋里果然有一个宋清如，不过她已经变成一把小刀”“我们一天活着，则希望总未断绝，我肯用地老天荒的忍耐期待着和你一秒钟的见面”“希望你快快爱上了一个人，让那个人欺负你，如同你欺负我一样”“顶好是一切希望都化为现实，在生命终了前的一秒钟中”“接到你的信，真快活，风和日暖，令人愿意永远活下去。世上一切算得什么，只要有你。我是，我是宋清如至上主义者”“饮了这一杯酒，朋友，趁我们还未成为路人，请多多的望我几眼吧”“你如照镜子，你不会看得见你特别好的所在，但你如走进我的心里来时，你一定能知道自己是怎样好法”“我想要在茅亭里看雨、假山边看蚂蚁，看蝴蝶恋爱，看蜘蛛结网，看水，看船，看云，看瀑布，看宋清如甜甜地睡觉……”

因其文字实在太好，爱不释手，此处多引几段，与读者共赏。

懒 ———— 饶孟侃

懒的世界是暮春三月天：

桃花醉落了，接着是蚕眠，

杜鹃再不愿啼它的心血，

呆笨锁住了黄莺的舌尖。

因此我也懵然忘了岁月，

像青峰上那忘年的积雪，

满怀的壮志早僵成了冰，

眼前更没有希望的宫阙；

只剩一片冻云似的因循，

在身前身后无味的氤氲，——

无奈推他不动，挥它不去，

谁真要它来献这份殷勤，

怪都只怪自己流年不利，

赶明儿我一定争这口气。

注： 写于 1934 年春天，载 1934 年 5 月 1 日创刊的《学文》第一卷第一期。此诗有些争议。闻一多先生说这首诗“好得厉害”，臧克家先生则批评说：“这样的诗对人只能起一种催眠作用，除此之外，毫无其他意义可言。”

蔗红词 —— 郭沫若

红甘蔗，蔗甘红，
水万重兮山万重。

忆昔醉朦胧，
旅邸凄凉一枕空。
卿来端的似飞鸿，
乳我蔗汁口之中，
生意始融融。
那夕起头从，
才将命脉两相通。
难忘枕畔语从容，
从今爱我比前浓。

红甘蔗，蔗甘红，
水万重兮山万重。

注：写于1915年，时在日本岗山，回忆与少年汪君在乐山街头客栈之夜的情意。

瓦釜集（选二） —— 刘半农

劈风劈雨打熄仔我格灯笼火，

我走过你门头躲一躲。

我也勿想你放脱仔棉条来开我，

只要看看你门缝里格灯光听你唱唱歌。

河边上阿姐你洗格舍衣裳？

你一泊一泊泊出情波万丈长！

我隔子绿沉沉格杨柳听你一记一记捣，

一记一记一齐捣勒笃我心上！

注：载1926年4月北新书局印行《瓦釜集》。用江阴方言与江阴民歌的声调写成。

第三辑

我愿我的心是一条可爱的小径，让她一步一歌地低徊在我的心上吧。

我 愿 —————— 刘大白

我愿把我金钢石也似的心儿，

琢成一百单八粒念珠，

用柔韧得精金也似的情丝串著，

挂在你雪白的颈上，

垂到你火热的胸前，

我知道你将用你底右手掐著。

当你一心念我的时候，

念一声“我爱”，

掐一粒念珠；

缠绵不绝地念著，

循环不断地掐著，

我知道你将往生于我心里的净土。

注：写于1923年。

心 愿 ———— 李金发

我愿你的掌心

变了船儿，

使我遍游名胜与远海

迨你臂膀稍曲，

我又在你的心房里。

我愿在你眼里

找寻诗人情爱的舍弃，

长林中狂风的微笑，

夕阳与晚霞掩映的色彩。

轻清之夜气，

带到秋虫的鸣声，

但你给我的只有眼泪。

我愿你的毛发化作玉兰之朵，

我长傍花片安睡，

游蜂来时平和地唱我的梦；

在青铜的酒杯里，

长印我们之唇影，

但青春的欢爱，

勿如昏醉一样销散。

注：载 1925 年 7 月 13 日《语丝》三十五期，署名李淑良。

我愿我的心是一条可爱的小径 ——— 蓬 子

林荫路上款步着一个美丽的姑娘，

从姑娘的发上喷散了松脂的清香。

好似两朵小白花摇荡在红心草间，

也似一对白色翅膀的小鹅游泅在春水上面，

她百合花茎似的迷人的小小的脚儿，

我真疑心两只白鸽儿飞翔在草上了。

我愿我的心是一条可爱的小径，

绿茸茸地，嫩草如鸭绒般诱人。

让她一步一歌地低徊在我的心上吧，

或者 Nymph 似疯疯地颠跳着吧。

只要她的足趾一个个地践踏在心窝上，

正如乐师的手指按动着披霞娜的琴键呵，

胜利的歌音迸散在我心窍了，

——在她足下留下黄金似的爱情之印痕了。

注：载 1929 年水沫书店诗集《银铃》。

雨后 —————— 穆木天

穿上你的轻飘的木屐 穿上你的轻软的外衣
趁着细雨蒙蒙 我们到湿润的田里

我们要听翠绿的野草上水珠儿低语
我们要听鹅黄的稻波上微风的足迹

我们要听白茸茸的薄的云纱轻轻飞起
我们要听纤纤的水沟弯曲曲的歌曲

我们要听徐徐渡来的远寺的钟声
我们要听茅屋顶上吐着一缕一缕的烟丝

我们要瞅着神秘的扉开在灰绿的林隙
我们要等过来了跣足的牧儿披着蓑衣

我们要等河上凝着的淡雾慢慢的卷开

我们要等薰醉的树枝滴净了他的珠玉

我们直走到各各的幽径都遍了你的足迹

我们直走到你的桃红的素足软软的浸湿

我们直走到万有都映着我们的影子

我们直走到我们的心波寂蛰在朦胧的怀里

穿上你的轻飘的木屐　披上你的轻软的外衣

趁着这细雨蒙蒙　我们到湿润的田里

注：载 1926 年 4 月创造社出版部出版的诗集《旅心》。

眼光的流痛

王统照

我愿依偎着你的发畔，

永远嗅得甜美的香，

我便不向人生之网中乱撞了。

我愿常听见你的言语，

如音乐般的调谐，

我便不愿去听那空山的流泉。

但被你润湿的眼光向我无言般地注视时，

我便觉得情愿到人生之网中去冲撞去！

情愿在空山中寂寞地去听流泉！

眼光的流痛，

使我要抛弃一切了！

注：载 1925 年商务印书馆出版的诗集《童心》。

我愿 —— 张我军

我愿做个碗儿，

日日三次给伊蜜吻，

吻后还留下伊的口味。

我愿做个镜子，

置在伊的房里。

大清早伊起来，

便和我相识而微笑。

我愿做个牧童——

倘伊是个洗衣女。

暮暮朝朝，

我牧着牛而伊捣着衣，

在水流淙淙的小河畔，

从容地，自在地，

和伊交谈蜜语。

注： 载 1925 年 12 月诗人自费在台北出版的诗集《恋都之恋》。

恋歌 —— 琴音

只是怕你不爱我，

就是你舌尖上涂着毒酒，

我也要痛饮一杯；

就是你全身疯瘫，

我也爱你，如我的琵琶；

纵使你的心冷如死海，

我也要变个石头，

要你给我一个浪花；

纵使你的心死如坟墓，

我也愿意变根青草站在

你这墓头。

注：脱稿于 1935 年 9 月 3 日，载 1937 年 3 月 20 日出版的《流沙》第二卷第一期。

花 —— 周作人

我爱这百合花，

她的香气薰的使人醉了，

我愿两手捧住了她，

便在这里睡了。

我爱这蔷薇花，

爱她那酽酒似的滋味，

我便埋头在她中间，

让我就此死罢。

注：写于 1923 年 10 月 26 日，收入 1929 年 11 月由上海北新书局初版印行的《过去的生命》，诗末附记“仿某调，学作情诗，在北京中一区”。

诗一首 —— 方令孺

爱，只把我当一块石头，

　　不要再献给我；

　　　　百合花的温柔，

　　香火的热，

　　　　长河一道的泪流。

看，那山冈上一匹小犊，

　　临着白的世界；

　　　　不要说它愚碌，

　　它只默然，

　　　　严守着它的静穆。

注：载 1931 年 1 月在上海出版的《诗刊》季刊，徐志摩主编、陈梦家编辑。

傍晚的家 —— 路易士

傍晚的家有了乌云的颜色，

风来小小的院子里，

数完了天上的归鸦，

孩子们的眼睛遂寂寞了。

晚饭时妻的琐碎的话——

几年前的旧事已如烟了，

而在青菜汤的淡味里，

我觉出了一些生的凄凉。

注：选自 1936 年 8 月出版的《小雅》第二期（吴奔星主编）。张爱玲在 1944 年 8 月号《杂志》发表的《诗与胡说》中激赏此诗，认为路易士的诗："全是一样的洁净，凄清，用色吝惜，有如墨竹。眼界小，然而没有时间性，地方性，所以是世界的，永久的。"路易士即纪弦。

什么能够使你欢喜 —————— 冯 至

你怎么总不肯给我一点笑声，

到底是什么声音能够使你欢喜？

如果是雨啊，我的泪珠儿也流了许多；

如果是风呢，我也常秋风一般地叹气。

你可真像是那古代的骄傲的美女，

专爱听裂帛的声息——

啊，我的时光本也是有用的彩绸一匹，

我为着期待你，已把它扯成了千丝万缕！

你怎么总不肯给我一点笑声，

到底是什么东西能够使你欢喜？

如果是花啊，我的心也是花一般地开着；

如果是水呢，我的眼睛也不是一湾死水。

你可真像是那古代的骄傲的美女，

专爱看烽火的游戏——

啊，我心中的烽火早已高高地为你燃起，

燃向全身的血液奔腾，日夜都不得安息！

注：载 1929 年沉钟社出版的诗集《北游及其他》。

无 题 —— 邹荻帆

我们将仆倒在这大风雪里吗？

是的，我们将。

而我们温暖的血

将随着雪而融化

被吸收到大树的根里去

吸收到小草的须里去

吸收到五月的河里去。

而这雪后的平原

会袒露出来，

那时候

天青

水绿

鸟飞

鱼游

风将吹拂着我们的墓碑……

注：写于 1948 年 5 月，作者当时在香港。

我沿山间以彳亍

吴奔星

我沿山间以彳亍，

倒影启示了我的伶仃；

而风尘的脚步，

更启示我不该慕此清高！

遂将污浊之心

濯清流而伴以痛哭。

（古人云：一片冰心在玉壶，

我亦喜斯境之将至！）

薰以山花之芬芳，

藉易红尘之腥气，

但恐浣衣的山女，

闻臭味以先逃；

何能免于流水之诅咒呢？

我跪祷轻松古柏旁：

明月照之，

清风拂之。

注：载 1936 年 11 月《新诗》月刊第 2 期。

假如你走来 —— 陈敬容

假如你走来；
在一个微温的夜晚，
轻轻地走来，
叩我寂寥的门窗；

假如你走来，
不说一句话，
将你战栗的肩膀，
依靠白色的墙。

我将从沉思的坐椅中

静静地立起

在书页中寻出来

一朵萎去的花

插在你的衣襟上。

我也将给你一个缄默，

一个最深的凝望；

而当你又踽踽地走去，

我将哭泣——

是因为幸福，

不是悲伤。

注： 载 1948 年文化生活出版社《盈盈集》。

倘使 —— 陆志韦

倘使你回到山里去，

山涧里捧一些凉水，

浇浇你火热的颜面，

享一刻没有梦的睡……

倘使你左手提了爱，

右手牵了一切希望，

放一夜的犹豫不决

在无意识的天秤上……

倘使你为你的理想

做出一件惊人的事，

甚至于犯了大不韪，

静悄悄的含笑到死……

倘使你对这根青草

不再问他有无究竟，

倘使你对于你自己

不再问有没有良心……

下午，你正好渡河。

柳丝儿一根也不动。

黄昏笼罩你的时候，

你的船在山影之中。

注：写于 1922 年 1 月 8 日，收入 1923 年亚东图书馆版《渡河》。

是谁把？

刘大白

是谁把心里相思，
种成红豆？
待我来碾豆成尘，
看还有相思没有？

是谁把空中明月，
捻得如钩？
待我来抟钩作镜，
看永久团圆能否？

注：写于 1921 年。

她那颗小小的心 ——— 俞大纲

那一晚，天黑，也没有星，

我和她，数着成串的街灯，

我们并肩走去，一盏，两盏，三盏……

看不分明，也数不清，

我说“别再数，这没意思的街灯，

我有一盏，明亮，活跳，永远照着我，

那是你——你那颗小小的心。”

这一晚，天黑，也没有星，

我和她，又来到街灯下步行，

头上照着，一盏，两盏，三盏

我们不再数，也数不清，

四围像死去，没有声音，

这下我听见自己说话的灵魂，

他说“今天，你该知道，照着你，

只有街灯，可怕的年月，

淹没她那颗小小的心，

你别傻，谁还肯给你一点光明。”

注：载 1931 年版《新月诗选》。

铁路行

刘梦苇

我们是铁路上面的行人，

爱情正如两条铁轨平行。

许多的枕木将它们牵连，

却又好像在将它们离间。

我们的前方像很有希望，

平行的爱轨可继续添长；

远远看见前面已经交抱，

我们便努力向那儿奔跑。

我们奔跑到交抱的地方，

那铁轨还不是同前一样？

遥望前面又是相合未分，

便又勇猛的向那儿前进。

爱人只要前面还有希望，

只要爱情和希望样延长：

誓与你永远的向前驰驱，

直达这平行的爱轨尽处。

注： 载 1931 年版《新月诗选》。

赠爱人 —— 柯仲平

看后面，

后面是我们血染成的大道；

看前面，

前面是我们要开辟的峦野荒郊；

想什么空头心事呀？

走，走，走，

机警地走！

壮勇地走！

按着一定路线走！

赠爱人，

年年有红花绿草；

辟道路，

手里是斧头镰刀；

想什么空头心事呀？

走，走，走，

机警地走！

壮勇地走！

按着一定路线走！

注： 写于 1936 年。

鱼化石（一条鱼或一个女子说）——卞之琳

我要有你的怀抱的形状，

我往往溶于水的线条。

你真像镜子一样的爱我呢，

你我都远了乃有了鱼化石。

注：写于 1936 年 6 月。

妆台 —— 废名

因为梦里梦见我是个镜子，

沉在海里他将也是个镜子。

一位女郎拾去，

她将放上她的妆台。

因为此地是妆台，

不可有悲哀。

注： 写于 1931 年。载 1944 年新民印书馆出版的《水边》（废名、开元合集）。

强盗

公木

你是一个强盗

你闯进一所古老的空房

霸占住就变成主人了

你擦亮了尘封的玻璃窗

你扫除了结在门框上的蜘蛛网

剥落的墙壁

你重新加以彩饰

凋谢了的庭花

又笑着开放了

你用雨露滋润了它们

立刻蜂蝶争着来采访

燕子飞檐下筑巢

百灵和画眉绕着头顶歌唱

所有的客人都帮你的忙

桌椅床帐梳妆台

一下子都安置停当

锅灶也已经修好

看来你要长期住下了

你，强盗、征服者

闯进来就再也撵不走啦

注：写于 1948 年 10 月 3 日。

贼 —————— 公木

你是一个贼

你偷走了我的平静

通夜我闭不上眼睛

天不亮就爬起来

每一阵叩门声

都使我怦怦地心跳

我注视着窗前的草绿

秃了顶的葵花茎在诉着秋深

秋天的太阳是多么温暖啊

而我又听见一声深深的叹息

发自我的肺腔里

我觉得幸福

却又无限苦恼

像初孕的少妇

不安而焦躁

我打开喜爱的书本

想听一听我所崇敬的先辈们的教言

而每一个字变成一个顽皮的鬼脸

看他是多么顽皮

胖胖的甜甜的笑眯眯的……

注：写于1948年10月3日。

有赠 —————— 戴望舒

谁曾为我束起许多花枝，

灿烂过又憔悴了的花枝，

谁曾为我穿起许多泪珠，

又倾落到梦里去的泪珠？

我认识你充满了怨恨的眼睛，

我知道你愿意缄在幽暗中的话语，

你引我到了一个梦中，

我却又在另一个梦中忘了你。

我的梦和我的遗忘中的人，

哦，受过我暗自祝福的人，

终日有意地灌溉着蔷薇，

我却无心地让寂寞的兰花愁谢。

注：这首诗被改编为 30 年代电影《初恋》的主题曲《初恋女》的歌词，文字略有变化，并增加了一节："我走遍漫漫的天涯路，我望断遥远的云和树，多少的往事堪重数，你呀你在何处"。

假如你愿意 —— 俞平伯

我不能有你，

且不能有我自己，

我当为你所有；

假如你愿意。

我厌弃我底心了，

把它们交给你，

都交给你；

假如你愿意。

我微细得来像尘土一样，

在你脚下喘着，

到你脚跟沾有尘土的时光，

我便有福了。

注：载 1924 年亚东图书馆出版的诗集《西还》。

有一座坟墓 —— 朱 湘

有一座坟墓，

坟墓前野草丛生，

有一座坟墓，

风过草像蛇爬行。

有一点萤火，

黑暗从四面包围，

有一点萤火，

睒着如豆的光辉。

　有一只怪鸟，

藏在巨灵的树荫，

　有一只怪鸟，

作非人间的哭声。

　有一钩黄月，

在黑云之后偷窥，

　有一钩黄月，

忽然落下了山隈。

注：载1925年12月《小说月报》第16卷第12号。

陌生的游客 —— 梁宗岱

什么，陌生的游客，像婴儿
在梦中注视着天杪的晨星，
你只是站在这最远的路边
凝望着这朵半开的红花，
——我不是为采花而来。

什么，陌生的游客，清晨过去了，
进香的行客都一一的走尽了，
你还是站在这最远的路边
凝望着这朵半开的红花？
——我不是为采花而来。

什么，陌生的游客，时候过了

夜已无声息地覆上他烟绡的梦衾，

有情者都在享受那温恬的心脉，

你还是站在这最远的路边？

——我不是为采花而来。

什么，陌生的游客，你的面庞

这样绯红，呼吸又这样微细，

可是严冽的秋霜已紧压你的心苗，

虽然青春还荡漾在你的脸上？

——我不是为采花而来

注：写于 1924 年 6 月，收入上海商务印书馆出版的诗集《晚祷》，初版于 1925 年 3 月，第二版重印于 1933 年 4 月。

眼 —— 罗念生

假如我化作一只水鸥，

去到她的眼波里浮游；

白沙堤插着两行细柳，

黄铜的明镜在湖面漂浮。

我远望见那五岳的高峰，

嵩山上吹来一股熏风，

歌声与花香满湖飘送，

波光里荡漾着几道长虹。

早晚湖边有潮汐涨歇，

晶莹的水珠往山边泻，

天上挂着黯淡的眉月，

绯红的世界褪了颜色。

有一天湖水骤然枯涸，

盖上一层濛濛的白雾，

两岸的垂柳倒成一路，

镜儿埋在乌泥深处。

注：载诗集《龙涎》，上海时代图书公司 1936 年版。

告诉文黛 —— 陈梦家

告诉文黛，飞，只管飞！

可总不许提到“明天”

潘彼得从来不知道

有一个“明天”在面前。

也不许说：彼得，我爱你！

彼得的心只是一张

补不好的破网，没有话

能够沾上他的翅膀。

飞，只管飞罢，好文黛！

你还是年青的孩子；

等到别的时候你再

想起，彼得已经忘记。

注： 写于 1930 年 6 月 19 日雨夜，作为组诗《留给文黛》之一收入再版的《梦家诗集》。

呼唤 ——————— 林薇

在猎人底枪弹中飞旋的鹰

渴望着无涯海洋的鱼

吮吸着自己底伤痕的狮

——L·Y，L·Y 呵，

你跛行到了哪里？

挟着沉默的竖琴

背着贫病的十字架

你累倒在哪一座冷谷里？

注：载 1946 年版《诗文学》“华北小型版”，魏荒弩主编。

我放我的爱在海里

徐 芳

——送美先生去美国

我放我的爱在海里，

海是那么深，

海是那么绿，

真的情不在海底，

它浮在明朗的水上，

静静地等着你的步履。

我放我的爱在海里，

爱是那么挚，

爱是那么真，

它永愿和你相亲，

你的船走了，它跟，

你的船停了，它停。

我放我的爱在海边，

我吩咐鱼龙，

我吩咐水仙，

不许它们伤害我的恋。

我是轻轻地把它放下，

你也许会轻轻地将它拾捡。

注： 美先生指胡适先生。1936 年 7 月，胡适要赴美国开太平洋学会的年会。徐芳到上海为其送行，并写了这首诗。徐芳后来嫁给徐培根（殷夫的哥哥）。

讯病 —————— 侣伦

怀着默祷探问病讯
来到你门边又逡巡
怕数朝小别
又慵倦了几许青春

新容却安静了造访的惊魂
心在默祝你平安
而我的眼却愿你长病

因为病才有葡萄味的日子
平安是有墙之抑郁的
你的家有 Barrell 的庄容
而我有勃朗宁的命运

珍重地消度金色的静画

徒然了希望时间停留

黄昏将带来陌生的足音

黄昏将带来梦之梢

握手中有淡淡凄情

不敢问明天许我再来么

期望抑郁的墙头开出昙花

要祝福你康健

注：载 1936 年《红豆》第 4 卷第 5 期。侣伦原名李林风，出生于香港，1936 年曾与刘火子、李育中、杜格灵等组织香港文艺协会。其余生平不详。

第四辑

一个神秘的微颤。经过我们两心深处。

约 会 —————— 沈祖牟

人在石径上行，

两边是没胫的草，

前面一带松林，

小溪流向林边绕，

　　转弯抹角我都记得，

　　“爱，你辛苦么？”

人在枯叶上走，

眼角有一挂欢喜，

我紧握她的手，

一句话跳出心底，

　　殷勤体贴我都明瞭，

　　“爱，你可依我？”

人在树根上坐，

细数黄昏的天星，

这一条是银河，

隔不住两颗的心，

　　千次万次我不忘记，

　　“爱，你相信我！”

注：载 1931 年《诗刊》第四期“志摩纪念号”。

别拧我，疼 ——— 徐志摩

“别拧我，疼，”

你说，微锁着眉心。

那“疼”，一个精圆的半吐，

在舌尖上溜——转。

一双眼也在说话，

睛光里漾起

心泉的秘密。

梦

洒开了

轻纱的网。

“你在哪里？”

“让我们死，”你说。

注：载正气书局出版的诗集《徐志摩遗作精选》，1947 年 3 月，储菊人编选。

我们的皇后

邵洵美

为甚你因人们的指摘而愤恨?

这正是你跳你肚脐舞的时辰,

净罪界中没有不好色的圣人。

皇后，我们的皇后。

你这似狼似狐的可爱的妇人,

你已毋庸将你的嘴唇来亲吻,

你口齿的芬芳便毒尽了众生。

皇后，我们的皇后。

管什么先知管什么哥哥爸爸?

男性的都将向你的下体膜拜。

啊将我们从道德中救出来吧。

皇后，我们的皇后。

注： 载 1928 年上海金屋书店出版的诗集《花一般的罪恶》。

一滴香涎 —— 邵洵美

啊朋友你站在浣纱的溪边，

你可在怀想那过去的红颜？

蚯蚓吞食着的秽臭的泥里，

有美人儿最后的一滴香涎。

啊为了这同样的一滴香涎，

你已没福寄身圣庙的破檐，

你受尽了人的谩骂与天谴！

谁又来了解你谁又来可怜？

啊可是这同样的一滴香涎，

曾没沉了十百千万的宫殿，

文人才子为了她醉生梦死。

金盔铁甲的武士气息淹淹？

啊莫非这同样的一滴香涎，

像雪一般清凉像蜜一般甜？

爱吧尽量地爱你要爱的吧，

好蜂儿不再去谢了的花间。

注： 载 1928 年上海金屋书店出版的诗集《花一般的罪恶》。

Venus —— 郭沫若

我把你这张爱嘴，

比成着一个酒杯，

喝不尽的葡萄美酒，

会使我时常沉醉！

我把你这对乳头，

比成着两座坟墓。

我们俩睡在墓中，

血液儿化成甘露！

注：载 1921 年 8 月上海泰东图书局出版的诗集《女神》。

冬之妻 —— 路易士

莫老是猫一样地
在我的臂弯里觅取温暖。

亲爱的，去欣赏一下
绘在玻璃窗上的自然的杰作吧——
那些小小的结晶体；
你会觉得这种图案比之一张波斯地毯还美，
而且叹服于它的不可企及的意匠。

莫老是猫一样地
在我的臂弯里
觅取温暖，亲爱的。

注：载 1945 年诗领土社出版的《三十前集》。路易士即纪弦。

我是夏天最后一朵玫瑰，虽然我觉到
　在我凋落之后将会来临多果实的秋，
　但那时我已不复能抬起我苍白的头
向原上与群云为伍的牧女招手微笑。
不要问我过去殷红的时光如何失掉，
　现在接受我吧！趁我的色香仍然残留，
　趁我还能吸引你的转移无定的双眸
在你寒冷的光中像一颗卫星的照耀。

因为我早已预感到寒冷的手指抚摸

　我的两颊，听见时光的镰刀霍霍欲试，

看见同根的姊妹们依次从枝上扭脱，

　陪伴着地下的死叶一齐腐烂。尘土是

我的运命，让我闭眼在你的胸上安眠，

然后醒来，被风吹到遥不可及的天边。

注：SONNET 就是十四行诗的意思，又音译为商籁体。这首诗写于 20 世纪 40 年代。吴兴华为北大西语系副主任，1966 年逝世。其作品五六十年代曾被朋友在中国香港、台湾等地以“梁文星”笔名发表，颇有影响。

梦 —————— 冯乃超

不要点灯 要是它的 玫瑰色的软影 映照到四隅的幽阴

淡抹的哀悲 潜形在丹波继起的 湖水的夜心

不要点灯 要是它的 紫罗兰的浮光 流到记忆的古渡头

熹微的梦幻 飘零在空疏寥寂的 落叶的深秋

不要点灯 要是它的 marjoram 的弱光 灌溉到黄昏的脚跟

假寐的沉默 消沉在黑影褶叠的天空的夜痕

不要点灯 要是它的 鸡冠花的阳光 灿烂在月痕的梦中

神秘的面绡 掀揭在晴空无垠的失望的苍穹

屏息地坐在幽冥之中　任情地亲着哀愁的嘴吻

从古董的宝瓮的嘴唇　把吸不尽的泪泉啜饮

屏息地伏在微光之中　任情地偎着哀愁的拥抱

从玉琢的　腻滑的心胸　把散不尽的夜香吞吐

屏息地睡在黄昏之中　任情地瞧着哀愁的媚瞳

从青铜的香炉的头盖　看着氤氲缭绕的轻梦

屏息地梦在月痕之中　任情地抱着哀愁的玉体

从闪灼的霜华的眼珠　淘出颗颗银光的眼泪

注： 载 1928 年上海创造社出版部出版的诗集《红纱灯》。

我 们 —— 宗白华

我们并立天河下。

人间已落沉睡里。

天上的双星

映在我们的两心里。

我们握着手，看着天，不语。

一个神秘的微颤。

经过我们两心深处。

注：在 1929 年上海亚东图书馆出版的《流云小诗》。

小楼 —— 李白凤

山寺的长檐有好的馨声

江南的小楼多是临水的

水面的浮萍被晚风拂去

蓝天从水底跃出

小笛如一阵轻风

家家临水的楼窗开了

妻在点染着晚妆

眉间尽是春色

注：这首诗约写于1933年，据施蛰存先生《怀念李白凤》回忆："一九三三年，我在上海主编文学杂志《现代》，每期都发表一些有新倾向的文艺界的舆论，对它毁誉不一。李白凤是当时写诗很起劲的一个。李白凤的诗《小楼》'山寺的长檐有好的馨声……'"。我推测"馨声"可能是指温馨的声音，另外也可能是"磬声"之笔误。

她这一点头

曹葆华

她这一点头，

是一杯蔷薇酒；

倾进了我的咽喉，

散一阵凉风的清幽；

我细玩滋味，意态悠悠，

像湖上青鱼在雨后浮游。

她这一点头，

是一只象牙舟；

载去了我的烦愁，

转运来茉莉的芳秀；

我伫立台阶，情波荡流，

刹那间瞧见美丽的宇宙。

注：载 1930 年作者诗集《寄诗魂》，出版单位不详。

画像 —— 徐訏

我悟到禁果在你面颊上，

陪衬你正直的鼻梁，

使我回忆遥远的过去，

有许多无为的惆怅。

在繁星的秋夜，

谁代替了虚伪的月光，

是你无邪的眼光，

充满了人生的想象。

从此我讨厌人说，

你心底蕴藏着新蜜旧酿，

因为在你沉默的唇中，

我了解有冷艳的花香。

谁说是眉心的骄矜，

把你点化成超脱的神像，

把柔发编成的小辫，

还象征你烦恼的花样。

注：1942年9月30日写于重庆，选自《四十诗综》，怀正出版社1948年版。

故乡 —————— 李金发

你淡白之面，

增长我青春之沉湎之梦。

我不再愿了，

为什么总伴着

莓苔之绿色与落叶之声息来！

记取晨光未散时，

——日光含羞在山后，

我们拉手疾跳着，

践过浅草与溪流，

耳语我不可信之忠告。

和风的七月天

红叶含泪，

新秋徐步在浅渚之荇藻，

沿岸的矮林——蛮野之女客

长留我们之足音，

啊，飘泊之年岁，

带去我们之嬉笑，痛哭，

独余剩这伤痕。

注：写于 1922 年。文前有小序：“得家人影片，长林浅水，一如往昔。余生长其间近二十年，但‘牛羊下来’之生涯，既非所好。”

遥遥 —— 冯至

你那儿的芦花也白了，

我这儿的芦花也白了。

我凝神将芦花细数，

像是一里一程地走近了你；

我数尽了无数棵，

却终于是怅怅地——

千里外，真是遥遥啊！

你那儿的夕阳也要落了，

我这儿的夕阳也要落了。

金黄色的在云里，

恰似我那昨宵的梦；

一带模糊的青山，

轻轻描上了我的心头——

千里外真是遥遥啊！

你那儿的果子也熟了，

我这儿的果子也熟了。

绿色的失去了希望，

红色的尽都凋落了：

相思到了这般境地，

也只有听那流水的殷殷——

千里外真是遥遥啊！

注： 原载 1925 年 10 月 31 日《沉钟》周刊第 4 期，收入北新书局 1927 年 4 月出版的《昨日之歌》。

幻中之邂逅

闻一多

太阳落了，责任闭了眼睛，

屋里朦胧的黑暗凄酸的寂静，

钩动了一种若有若无的感情，

——快乐和悲哀之间底黄昏。

仿佛一簇白云，蒙蒙漠漠，

拥着一只素氅朱冠的仙鹤——

在方才淌进的月光里浸着，

那娉婷的模样就是他么？

我们都还没吐出一丝儿声响，

我刚才无心地碰着他的衣裳，

许多的秘密，便同奔川一样，

从这摩触中不歇地冲洄来往。

忽地里我想要问他到底是谁，

推起头来……月在哪里？人在哪里？

从此狰狞的黑暗，咆哮的静寂，

便扰得我辗转空床，通夜无睡。

注：载诗集《红烛》（1923 年 9 月，泰东书局初版）。

迷人的夜

侯汝华

月在空中，

月在水中，

紫洞艇，

载着正熟的葡萄味。

月在空中，

月在水中，

艇家女的桨，

轻拨着欲醉的柔梦。

唔，为什么老是沉默着呢？

可是有怨抑伤了你的心？

你的眼又为什么不看我呢？

可是着了妖人的迷？

你的唇吻间是曾经流进过恋曲，

那像黄蜂嗡嗡于林檎树下的呀；

你的眼曾经闪滴过光耀，

那像蜜露溜下绣线菊的呀。

现在，为什么沉默而又不看我呢？

说呀，不要待梦坠了！

像这样的夜，

温柔的夜，

我正要看你馥郁的眼，

听你馥郁的话。

月在空中，

月在水中，

艇家女的桨，

轻拨着欲醉的柔梦。

注：写于广州，时间是1932年5月某夜。收入蓝棣之编《现代派诗选》（人民文学出版社）。

七 夕 —— 田 汉

星河悄悄流

月色凉如许!

草儿扶白露同眠

芦叶捉清风私语。

茫茫的练兵场上

轻轻笼着银纱,

正搏搏地万家村鼓

忽呜——呜地一列征车!

念母弟之无依

愿有翅而能飞。

话儿时的琐事

忘白露之沾衣。

虽同作异乡的旅人

也难得这样佳的七夕；

谁把故国的村歌

吹入那泠泠的玉笛？

注：载《少年中国》第 4 卷第 1 期，诗前有小序：“十年七月七日夜，月明风清，和漱瑜妹坐户冢练兵场小山上娓娓谈故乡事，归时清露满衣矣。”民国十年即 1921 年。

无 题

卞之琳

三日前山中的一道小水，
掠过你一丝笑影而去的，
今朝你重见了，揉揉眼睛看
屋前屋后好一片春潮。

百转千回都不跟你讲，
水有愁，水自哀，水愿意载你
你的船呢？船呢？下楼去！
南村外一夜里开齐了杏花。

注： 这组诗一共五首，这里选载第一首。据香港张曼仪编选的《中国现代作家选集·卞之琳》一书记载，1937年，“3月到5月间作《无题》诗5首”，又，“在杭州把本年所作诗18首加上先两年各一道编成《装饰集》，题献给张充和，手抄一册，本拟交戴望舒的新诗社出版，未果，后收入《十年诗草》（1942年出版）。”

高楼 —————— 周作人

那高楼上的半年，

她给我的多少烦恼。

只如无心的春风，

吹过一棵青青的小草。

她飘然的过去了，

却吹开了我的花朵。

我不怨她的无情，——

长怀抱着她那神秘的痴笑。

注：载 1923 年 4 月 9 日《晨报副刊》，诗末有作者“附记”：“我平常很赞成青年人做情诗，但是自己做（情诗）还是初次，我不怕道学家批评我有不道德嫌疑——虽然略略的怕被上海的市侩选入他们的情诗集里去”。

我能有 —————— 白 采

我能有——

作诗时，不顾指摘的勇气；

也能有——诗成后，求受指摘的虚心！

但是，不知你有否一读的诚意？

注：白采 1926 年逝世。这首诗出自夏丏尊先生《白采——不知你有否一读的诚意》。

迷儿歌 —— 杨骚

我从远远的对面山过来，

看她在浅溪边浣洗。

我不知她美在何处，

但她的美已深感到我心底。

重逢时，哦！她抱着死孩儿泣！

想采花赠她来去也，

及我从天国偷来时，

但见一片荒芦望我满身汗如雨。

一片荒芦望我满身汗如雨，

渺无踪迹……

问青松绿竹，

说是她回家去。

路上的妹子，

你家在哪里？

我不知你美在何处，

你美永留在我心底。

注：载 1928 年 12 月 24 日《语丝》第四卷第五十期。

雨巷 —— 戴望舒

撑着油纸伞，独自

彷徨在悠长，悠长

又寂寥的雨巷，

我希望逢着

一个丁香一样的

结着愁怨的姑娘。

她是有

丁香一样的颜色，

丁香一样的芬芳，

丁香一样的忧愁，

在雨中哀怨，

哀怨又彷徨；

她彷徨在这寂寥的雨巷，

撑着油纸伞

像我一样，

像我一样地

默默彳亍着，

冷漠，凄清，又惆怅。

她静默地走近

走近，又投出

太息一般的眼光，

她飘过

像梦一般的，

像梦一般的凄婉迷茫。

像梦中飘过

一枝丁香的，

我身旁飘过这女郎；

她静默地远了，远了，

到了颓圮的篱墙，

走尽这雨巷。

在雨的哀曲里，

消了她的颜色，

散了她的芬芳

消散了，甚至她的

太息般的眼光，

丁香般的惆怅。

撑着油纸伞，独自

彷徨在悠长，悠长

又寂寥的雨巷，

我希望飘过

一个丁香一样的

结着愁怨的姑娘。

注： 写于1927年夏天，发表于《小说月报》第19卷第8号。编者叶绍钧说《雨巷》“替新诗底音节开了一个新纪元。”传说丁香一样的姑娘是以施蛰存的妹妹施绛年为原型。《雨巷》收入1929年4月出版的诗集《我的记忆》（水沫书店）。

款步 —— 戴望舒

这里是爱我们的苍翠的松树，

它曾经遮过你的羞涩和我的胆怯，

我们的这个同谋者是有一个好记性的，

现在，它还向我们说着旧话，但并不揶揄。

还有那多嘴的深草间的小溪，

我不知道它今天为什么缄默：

我不看见它，或许它已换一条路走了，

饶舌着，施施然绕着小村而去了。

这边是来做夏天的客人的闲花野草，

它们是穿着新装，像在婚筵里，

而且在微风里对我们作有礼貌的礼敬，

好像我们就是新婚夫妇。

我的小恋人，今天我不对你说草木的恋爱，

却让我们的眼睛静静地说我们自己的，

而且我要用我的舌头封住你的小嘴唇了，

如果你再说：我已闻到你的愿望的气味。

注：载 1937 年上海杂志公司出版的诗集《望舒诗稿》，写给第一任妻子、作家穆时英的妹妹穆丽娟。

赠内 —————— 戴望舒

空白的诗帖，

幸福的年岁；

因为我苦涩的诗节，

只为灾难树里程碑。

即使清丽的词华，

也会消失它的光鲜，

恰如你鬓边憔悴的花，

映着明媚的朱颜。

不如寂寂地过一世，

受着你光彩的熏沐，

一旦为后人说起时，

但叫人说往昔某人最幸福。

注：写于 1944 年 6 月，给当时的第二任妻子杨静。

你是人间的四月天 —— 林徽因

—— 一句爱的赞颂

我说你是人间的四月天；
笑响点亮了四面风；轻灵
在春的光艳中交舞着变。

你是四月早天里的云烟，
黄昏吹着风的软，星子在
无意中闪，细雨点洒在花前。

那轻，那娉婷你是，鲜妍
百花的冠冕你戴着，你是
天真，庄严，你是夜夜的月圆。

雪化后那篇鹅黄，你像；新鲜
初放芽的绿，你是；柔嫩喜悦
水光浮动着你梦期待中白莲。

你是一树一树的花开，是燕
在梁间呢喃，——你是爱，是暖，
是希望，你是人间的四月天！

注：发表于 1934 年 5 月的《学文》1 卷 1 期上。关于这首诗有两种说法：一是为悼念徐志摩而作，一是为儿子的出生而作。

影答形 —— 吕亮耕

时间有尽，我们的情谊无尽。

我追逐你，更逾于爱者的痴心。

任何心爱物都不似你我的逼近——

如鱼即水如水即乳的交融。

华灯作证，日月星辰作证：

我紧随你，时刻也不曾分离——

你的情怀冷暖，我知道最亲切，

我分担过你的悲哀同欢悦：

曾伴你独自走向无人的旷野，

且颤心地倾听过你的啜泣；

我零乱的影子像打散的珠串；

今夜，青春稚子，当你的诗笔在——

羊脂烛上生花，

我又偷窥了你新的秘密。

注：这首诗写于抗战中期湖南耒阳的一个月圆之夜。选自 1992 年第 1 期《名作欣赏》。诗人用妙笔诠释形影相随，情意深长。

本事 ———— 卢前

记得当时年纪小，

你爱谈天我爱笑。

有一回并肩坐在桃树下，

风在树梢鸟在叫。

不知怎么睡着了，

梦里花落知多少？

注：卢前即卢冀野。这首诗又名《梦里花落知多少》，1934 年创作，曾由黄自先生作曲。这首诗在作家三毛和郭敬明的《梦里花落知多少》中都被引用过，曾被误为是他们的作品。

一笑 —— 胡适

十几年前，

一个人对我笑了一笑。

我当时不懂得什么，

只觉得他笑的很好。

那个人后来不知怎样了，

只是他那一笑还在：

我不但忘不了他，

还觉得他越久越可爱。

我借他做了许多情诗，

我替他想出种种境地：

有的人读了伤心，

有的人读了欢喜。

欢喜也罢，伤心也罢，

其实只是那一笑。

我也许不会再见着那笑的人，

但我很感谢他笑的真好。

注：载 1923 年《尝试集》（1920 年初版《尝试集》未收此诗）。

狂 —— 叶善枝

披散着头发，赤着脚，

在太阳底下高唱：

唱那火山口里喷出来的歌儿。

披散着头发，赤着脚，

在月光底下低吟：

吟那梧桐叶上滴出来的句子。

注：载北京出版社 1998 年 1 月版《中国现代名诗三百首》（文鹏、姜凌主编）。

第五辑

以辫发的青缨作结，说要系航海的明珠。

跟随者

徐玉诺

烦恼是一条长蛇。

我走路时看见他的尾巴，

割草时看见了他红色黑斑的腰部，

当我睡觉时看见它的头了。

烦恼又是红线一般无数小蛇，

麻一般的普遍在田野庄村间。

开眼是他，

闭眼也是他了。

呵！他什么东西都不是！

他只是恩惠我的跟随者，

他很尽职，

一刻不离的跟着我。

注： 载诗集《雪朝》（商务印书馆 1922 年版）。

歌里的灾祸

沈宝基

你爱听这曲歌吗

灾祸就在这歌里

一声高

抛你入云霄

（谁能拾取你的粉骨呢）

一声低

沉你入海底

（谁能打捞你的尸体呢）

而缠绵的哀诉中

你的生命

只欠柔指的一剪了

亦将不绝如缕

像临终时的叹息

注：选自《中国沦陷区文学大系》（广西教育出版社 1998 年出版，钱理群主编）。

死 —————— 路易士

死如一位处女，

他是永远羞怯着的，

但她永远爱着你，

而她的爱情是寒冷的。

有朝她开了笑颜，

还把樱唇送你吻，

你乃沉没于

她之永远的黑色的海。

注：载《三十前集》，1945年4月上海诗领土社初版，为“诗领土社丛书第一种”。路易士即纪弦。

SAPPHICS —— 石雨

给你一座寂寞的古房屋
在山里，绿的园子，山雀的
歌和钟声，和一缕温暖的
午后的阳光。

那窗子幽思地对着远处，
窗下有多年前的少女的
褪色的书简，日记，纯白的
夏日的衣裳。

你就坐下写她们的故事，
写了那样多，那样多，好让
人点了蜡烛偷偷地念诵
度过了长夜。

注：选自《中国沦陷区文学大系》（广西教育出版社 1998 年出版，钱理群主编）。

烦 忧 —————— 戴望舒

说是寂寞的秋的清愁，

说是辽远的海的相思。

假如有人问我的烦忧，

我不敢说出你的名字。

我不敢说出你的名字，

假如有人问我的烦忧：

说是辽远的海的相思，

说是寂寞的秋的清愁。

注： 载 1936 年复兴书局版《望舒草》。

到我这里来 —— 戴望舒

到我这里来，假如你还存在着，

全裸着，披散了你的发丝；

我将对你说那只有我们两人懂得的话。

我将对你说为什么蔷薇有金色的花瓣，

为什么你有温柔而馥郁的梦，

为什么锦葵会从我们的窗间探首进来。

人们不知道的一切我们都会深深了解，

除了我的手的颤动和你的心的奔跳；

不要怕我发着异样的光的眼睛，

向我来；你将在我的臂间找到舒适的卧榻。

可是，啊，你是不存在着了，

虽则你的记忆还使我温柔地颤动，

而我是徒然地等待着你，每一个傍晚，

在菩提树下，沉思地，抽着烟。

注：载 1936 年复兴书局版《望舒草》。

也是微云 —— 胡 适

也是微云，

也是微云过后月光明。

只不见去年的游伴，

也没有当日的心情。

不愿勾起相思，

不敢出门看月。

偏偏月进窗来，

害我相思一夜。

注：写于 1925 年，后由赵元任谱曲。流行一时。

呼 唤 —— 饶孟侃

有一次我在白杨林中，

听到亲切的一呼唤；

那时月光正望着翁仲，

翁仲正望着我看。

再听不到呼唤的声音，

我吃了一惊，四面寻找；——

翁仲只是对月光出神，

月光只对我冷笑。

注：选入 1931 年 9 月由陈梦家编辑的《新月诗选》（上海新月书店）。

疑 虑 —————— 梁实秋

吾爱被绞死！——

怎样弯弯的笑嘴

在林梢挂着呢?

吾爱被风灭！

怎样点点的怜火

在夜幕缀着呢?

冷峻的新月啊！

神秘的深夜啊！

注：载《清华周刊》第239期（1922年3月1日）。

栽花 —— 萧红

你美丽的栽花姑娘，

弄得两手污泥不嫌脏吗？

任凭你怎样的栽，

也怕栽不出一株相思的树来。

注：这首诗写于 1931 年春天。

断章 —— 卞之琳

你站在桥上看风景，

看风景人在楼上看你。

明月装饰了你的窗子，

你装饰了别人的梦。

注：载1936年出版的《汉园集》(三位青年诗人的合集，内收何其芳的《燕泥集》、李广田的《行云集》、卞之琳的《数行集》)。

海上的声音 ——— 方玮德

那一天我和她走海上过，

她给我一贯钥匙和一把锁，

她说：“开你心上的门，

让我放进去一颗心！

请你收存，

请你收存。”

今天她叫我再开那扇门，

我的钥匙早丢在海滨。

成天我来海上找寻，

我听到云里的声音——

“要我的心，

要我的心！”

注：载1931年版《新月诗选》。

流星 —— 李广田

一颗流星，坠落了，

随着坠落的

有清泪。

想一个鸣蛙的夏夜，

在古老的乡村，

谁为你，流星正飞时，

以辫发的青缨作结，

说要系航海的明珠

作永好的投赠。

想一些辽远的日子，

辽远的，

沙上的足音……

泪落在夜里了，

像星陨，坠入林荫

古潭底。

注：载1936年出版的《汉园集》(三位青年诗人的合集，内收何其芳的《燕泥集》、李广田的《行云集》、卞之琳的《数行集》)。

劝友人 —— 穆旦

在一张白纸上描出个圆圈，
点个黑点，就算是城市吧，
你知道我画的正在天空上，
那儿呢，那颗闪耀的蓝色小星！
于是你想着你丢失的爱情，
独自走进卧室里踱来踱去。
朋友，天文台上有人用望远镜
正在寻索你千年后的光辉呢，
也许你招招手，也许你睡了？

注： 写于 1939 年 6 月。

诉说 —— 南星

我将对负着白花的老树

或新上架的牵牛

或久居在我屋檐下的

叫过秋天和冬天的麻雀

或一只偶来的山鸟

诉说过我的烦忧和欢乐，

甚至是关于一件小事的：

一个小虫飞落在我的身上

或雨击打了我的窗子。

然后我向它问询，

如果有风吹它的细枝落地，

如果它的尖叶子偶然地

受了一个行人的摧折，

如果它的旧巢倾颓了，

如果它从山中带来了

往昔的或今日的消息，

让它殷勤地对我讲述，

用对一个友人说话的声调。

注：写于 1935 年 5 月，原载 1936 年 6 月北平《水星》第二卷第三期。

街头 —————— 废名

行到街头乃有汽车驰过，

乃有邮筒寂寞。

邮筒 PO

乃记不起汽车的号码 X，

乃有阿拉伯数字寂寞，

汽车寂寞，

大街寂寞，

人类寂寞。

注： 载 1944 年新民印书馆出版的《水边》（废名、开元合集）。

海 —— 废名

我立在池岸，

望那一朵好花，

亭亭玉立

出水妙善，——

“我将永不爱海了。”

荷花微笑道：

“善男子，花将长在你的海里。”

注： 载 1944 年新民印书馆出版的《水边》（废名、开元合集）。

银铃 —— 蓬子

新雨之后荒园是泥泞地，

啄木鸟儿丁丁地伐木园树上，

更啄落了潮润的新鲜的红蕊。

我穿上了古老的，宽大的木屐，

独自漫步在，漫步在雨后的荒园。

我心儿忽地疼痛，流注着血般。

“什么东西刺伤了你？”我禁不住自问。

“衰老的记忆又重回心头了！”

老旧的故事幕开在记忆里：

一群漂亮的，红面庞的女孩，

和我同坐接骨木的长凳上面，

（争夺地讲述着故事，背诵着诗篇）

啄木鸟儿抛下树皮在她们帽檐。

她们的笑声好似一串银铃儿摇荡！

她们的笑声好似一串银铃儿摇荡！

如今郁金香依旧似旧日的娇美，

啄木鸟儿依旧丁丁地伐木园树内。

但流亮的，清丽的笑声沉默了！

再听不见一串银铃儿的摇荡！

注： 载 1929 年水沫书店诗集《银铃》。

琴的哀 —— 李金发

微雨溅湿帘幕，

正是溅湿我的心。

不相干的风，

踱过窗儿作响，

把我的琴声，

也震得不成音了！

奏到最高音的时候，

似乎预示人生的美满。

露不出日光的天空，

白云正摇荡着，

我的期望将太阳般露出来。

我的一切的忧愁，

无端的恐怖，

她们并不能了解呵。

我若走到原野上时，

琴声定是中止，或柔弱地继续着。

注：载 1925 年北新书局出版的诗集《微雨》（导言标注写作日期为 1923 年 2 月柏林旅次）。

孤独 —— 冯雪峰

哦，孤独，你嫉妒的烈性的女人！

你用你常穿的藏风的绿呢大衣
盖着我，
像一座森林
盖着一个独栖的豹。

但你的嘴唇滚烫，
你的胸膛灼热，
一碰着你，
我就嫉妒着世界，心如火炙。

注：选自《抗战诗抄》2015 年，花城出版社，周良沛编。

窗外 —— 康白情

窗外的闲月

紧恋着窗内蜜也似的相思

相思都恼了，

她还涎着脸儿在墙上相窥。

回头月也恼了，

一抽身儿就没了。

月倒没了；

相思倒觉着舍不得了。

注：载亚东图书馆 1922 年出版诗集《草儿》。

整片的寂寥 —— 刘大白

整片的寂寥，

被点点滴滴的雨，

敲得粉碎了，

也成为点点滴滴的。

不一会儿，

雨带着寂寥到池里去，

又成为整片的了；

寂寥却又整片地回来了。

注：1922 年 9 月 28 日写于绍兴。

相 思 ———— 冰 心

躲开相思，

披上裘儿

走出灯明人静的屋子。

小径里明月相窥，

枯枝——

在雪地上

又纵横的写遍了相思。

注：写于 1925 年 12 月 12 日夜。

红豆之什（节选） —— 闻一多

相思是不作声的蚊子，

偷偷地咬了一口，

陡然痛了一下，

以后便是一阵的奇痒。

古怪的爱人儿啊！

我梦时看见的你

是背面的。

深夜若是一口池塘，

这飘在他的黛漪上的

淡白的小菱花儿，

便是相思的花儿了，

哦！他结成青的，血青的，有尖角的果子了！

注： 原为组诗 42 首，这里选其中三首。均为献给新婚妻子高孝贞（真）的作品。1923 年寒假得知他们第一个孩子即将出世，闻一多“情思不变，连干五昼夜作《红豆》五十首，现经删削，并旧作一首，共存四十二首为《红豆之什》”。（见闻一多 1923 年 11 月 26 日《给梁实秋》）

沉 默 —————— 臧克家

青山不说话，

我也沉默，

时间停了脚，

我们只是相对。

我把眼波

投给流水，

流水把眼波

投给我，

红了眼睛的夕阳，

你不要把这神秘说破。

注：写于 1942 年，载 1946 星群社出版的诗集《泥土的歌》。

独自

朱自清

白云漫了太阳；

青山环拥着正睡的时候，

牛乳般雾露遮遮掩掩，

像轻纱似的，

幂了新嫁娘的面。

默然在窗儿口，

上不见只鸟儿，

下不见个影儿，

只剩飘飘的清风，

只剩悠悠的远钟。

眼底是靡人间了，

耳根是靡人间了；

故乡的她，独灵迹似的，

猛然涌上我的心头来了！

注： 写于 1922 年 2 月 22 日。

怅惘 —— 潘漠华

伊有一串串的话儿，

想挂在伊底眼角传给我。

伊看看青天上的白雁儿，

想请他衔了伊底心传给我。

眼梢弯了，挂不住；

白雁儿远了，不能飞回；

伊于是只有堆伊底忧虑，

在伊四披的乌发上了。

注：写于 1921 年 12 月 16 日，载入 1922 年汪静之、潘漠华、应修人、冯雪峰私人合集《湖畔》。

第六辑

只零落如过时蔷薇的花瓣，传出单纯的辽远之音。

到 —— 闻青

风至枕边

如一夜月白

门开

人轻轻散两三片淡红

无酒沉醉后

一声去也

记下今天

注：选自1943年10月北平《中国文艺》第九卷第2期林栖的评论《读闻青的诗》。

在你面上 —— 蓬子

在你面上我嗅到霉叶的气味，

倒塌的瓦棺的泥砖的气味，

死蛇和腐烂的池沼的气味，

以及雨天的黄昏的气味；

在你猩红的唇儿的每个吻里，

我尝到威士忌酒的苦味，

多刺的玫瑰的香味，糖砒的甜味，

以及残缺的爱情的滋味。

但你面上的每一嗅和每个吻，

各消耗了我青春的一半。

注：载 1929 年水沫书店诗集《银铃》。

雁儿啊，永不衔一片红叶再飞来 —— 石评梅

秋深了，

我倚着门儿盼望，

盼望天空，

有雁儿衔一片红叶飞来！

黄昏了，

我点起灯来等待，

等待檐前，

有雁儿衔一片红叶飞来！

夜静了，

我对着白菊默想，

默想月下，

有雁儿衔一片红叶飞来！

已经秋深，

盼黄昏又到夜静，

今年呵！

为什么雁影红叶都这般消沉！

今年雁儿未衔红叶来，

为了遍山红叶莫人采！

遍山红叶莫人采，

雁儿啊，永不衔一片红叶再飞来！

注：首次发表在 1925 年 10 月 20 日《京报副刊 · 妇女周刊》。

给——

高长虹

我在天涯行走，
月儿向我点首，
我是白日的儿子，
月儿呵，请你住口。

我在天涯行走，
夜做了我的门徒，
月儿我交给他了，
我交给夜去消受。

夜是阴冷黑暗，

月儿逃出在白天，

只剩着今日的形骸，

失却了当年的风光。

我在天涯行走，

太阳是我的朋友，

月儿我交给他了，

带她向夜归去。

夜是阴冷黑暗，

他嫉妒那太阳，

太阳丢开他走了，

从此再未相见。

我在天涯行走，

月儿又向我点首，

我是白日的儿子，

月儿呵，请你住口。

注：载 1927 年 9 月上海光华书局印行的诗集《给——》。该题下作者写组诗 50 多首，而以本诗最为著名。据称作者以太阳自比，以月亮比喻许广平，以黑夜比喻鲁迅。鲁迅给韦素园回信，说“虽然我也许是‘黑夜’，但并没有吞没这‘月儿’”。1927 年，鲁迅编《唐宋传奇集》序例：“时大夜弥天，璧月澄照，饕蚊遥叹，余在广州。”据说是讽刺高长虹。

蕙的风 —————— 汪静之

是哪里吹来

这蕙花的风——

温馨的蕙花的风？

蕙花深锁在园里，

伊满怀着幽怨。

伊底幽香潜出园外，

去招伊所爱的蝶儿。

雅洁的蝶儿，

薰在蕙风里：

他陶醉了；

想去寻着伊呢。

他怎寻得到被禁锢的伊呢？

他只迷在伊底风里，

隐忍着这悲惨而甜蜜的伤心，

醺醺地翩翩地飞着。

注： 载上海亚东图书馆 1922 年 8 月初版《蕙的风》，作者为湖畔诗社诗人，被朱自清先生称为“专心作情诗”的四个年轻人之一（另三人为应修人、潘漠华、冯雪峰）。

废园 —————— 朱湘

有风时白杨萧萧着，

无风时白杨萧萧着；

萧萧外更不听到什么；

野花悄悄的发了，

野花悄悄的谢了；

悄悄外园里更没什么。

注：原刊 1922 年 1 月《小说月报》第 13 卷第 1 号，收入《夏天》（商务印书馆 1925 年 1 月初版）。

无题 —————— 阿垅

不要踏着露水——

因为有过人夜哭。……

哦，我底人啊，我记得极清楚，

在白鱼烛光里为你读过《雅歌》。

但是不要这样为我祷告，不要！

我无罪，我会赤裸着你这身体去见

上帝。……

但是不要计算星和星间的空间吧

不要用光年；用万有引力，用相照的光。

要开作一枝白色花——

因为我要这样宣告，我们无罪，然后我们凋谢。

注：选自绿原和牛汉编选的《白色花》（20人合集，人民文学出版社1981年版）。

断弦的琴

曾卓

将我的断弦的琴送你

从此不愿再弹奏着它

在你明月照着的绿窗前唱一支小

夜曲

因为我不愿

让时代的洪流滔滔远去却将我的

生命的小船

系在你的柔手上

搁浅于爱情的沙滩

我知道要来的

是怎样难忍的痛苦

但我仍以手

扼窒爱情的呼吸

注： 诗末自注“1942 年 4 月，黄桷树”。黄桷树为榕属落叶乔木，具有顽强的生命力。四川与重庆一带多有以黄桷作地名的地方。诗人具体写作地点待核。

祝 福 —— 何其芳

青色的夜流荡在花荫，如一张琴，
香气是它飘散出的歌吟。
我的怀念正飞着，
一双红色的小翅又轻又薄，
但不被网于花香。

新月如半圈金环。那幽光
已够照亮路途。
飞到你的梦的边缘，它停伫，
守望你眉影低垂，浅笑浮上嘴唇，
而又微动着，如嗔我的吻的贪心。

当虹色的梦在你黎明的眼里轻碎，

化作亮亮的泪，

它就负着沉重的疲劳和满意

飞回我的心里。

我的心张开明眸，

给你每日的第一次祝福。

注：载《刻意集》（1938 年 10 月，文化生活出版社》）。

偶然 —— 徐志摩

我是天空里的一片云，

偶尔投影在你的波心——

你不必讶异，

更无须欢喜——

在转瞬间消灭了踪影。

你我相逢在黑夜的海上，

你有你的，我有我的，方向；

你记得也好，

最好你忘掉

在这交会时互放的光亮！

注： 写于1926年5月，载同年5月27日《晨报副刊·诗镌》第9期，署名志摩。本诗是诗人与夫人陆小曼合写剧本《卞昆冈》中的唱词。

山居杂诗

俞平伯

一

留你也匆匆去，

送你也匆匆去；

然则——送你罢！

二

把枯树林染红了，紫了，

夕阳就将不见了。

三

都是检木柴的，

都是扫枯叶儿的，

正劈栗花喇的响哩。

注：写于 1922 年 1 月 6-8 日杭州山中。组诗四首，选前三首。

水 手 —— 刘延陵

月在天上，

船在海上，

他两只手捧住面孔，

躲在摆舵的黑暗地方。

他怕见月儿眨眼，

海儿掀浪，

引他看水天接处的故乡。

但他却想到了

石榴花开得鲜明的井旁，

那人儿正架竹子，

晒她的青布衣裳。

注：载诗集《雪朝》（商务印书馆 1922 年版）。

我是只小羊 —— 邵洵美

我是只小羊，

你是片牧场。

我吃了你我睡了你，

我又将我交给了你。

半暗的太阳，

半明的月亮，

婴孩的黑夜在招手，

是小羊归去的时候。

小羊归去了，

牧场忘怀了。

我是不归去的小羊，

早晚伴着你这牧场。

注：选自钱光培编《现代新诗一百首》，北京出版社 1983 年 5 月第 1 版。意象清纯，情感干净，为本书编者 18 岁时最喜欢的一首诗。

风夜

冯君培

“也是这样的风夜，

也是这样的秋天，

我把生命酿成美酒，

频频地送到你的唇边，

一盏，两盏，三盏……”

我屈指殷殷地暗算，

恰恰地满了一年，

我沉埋在这座昏黄的城里，

像海上被了难飘散的船板，

一片，两片，三片……

我今宵静息在秋星下，

如船板飘聚到海湾，

它们再也挡不起海上的汹涛，

我也怕望那风中的星焰，

一闪，两闪，三闪……

注： 原载 1926 年 11 月 10 日《沉钟》半月刊第 7 期，冯君培即冯乃超。

来 吧 ———— 邵洵美

我便这样地离开了你，

我便这样地离开了带泪的你，

你是染露的青叶子，

我便像那花瓣吓落下了地。

啊你我底永久的爱……

像是云浪暂时寄居在天海。

啊来吧你来吧来吧，

快像眼泪般的雨向我飞来。

注：载 1928 年诗集《花一般的罪恶》。

你 来

沈祖棻

你来，在清晨里悄悄地来，

趁太阳还没有照上楼台；

你经过草地时不要踌躇，

小心碰掉一颗亮的露珠。

让一切的人都没有睡起，

我一个人在晓星下等你；

轻轻地告诉你昨夜的梦，

梦里有一阵落花，一阵风。

你来，在黄昏里缓缓地来，

趁晚霞还在山峰上徘徊；

你经过树林中不要留恋，

随着归鸦来到我的门前；

太阳落了也不要用灯笼，

我们正需要那一点朦胧。

这时你该为我吟一首诗，

但莫说别离，也莫说相思。

你来，在静夜里静静地来，

趁月亮还没有躲进云彩；

你经过黑径里不要害怕，

河边叫的不是鬼，是青蛙；

我们灭了灯，有的是星星，

没有人，不用怕谁来偷听；

这时你正好为我拿起琴弦，

低低弹出一段凄楚的缠绵。

注：原载 1936 年 3 月出版《文艺月刊》8 卷 3 号。

女人犹如蚌里的肉 —————— 梅 娘

潮把她掷在滩上，

干晒着，

她忍耐不住——

才一开壳，

肉仁就被啄去了。

注： 写于 1939 年。作者为沦陷区作家。

别 —————— 沈紫曼

我是轻轻悄悄地到来，

像水面飘过一叶浮萍；

我又轻轻悄悄地离开，

像林中吹过一阵清风。

你爱想起我就想起我，

像想起一颗夏夜的星；

你爱忘了我就忘了我，

像忘了一个春天的梦。

注：选自钱光培编《现代新诗一百首》，北京出版社 1983 年 5 月第 1 版。沈紫曼即沈祖棻，曾任武汉大学教授等，著有《微波辞》《涉江词》。

铃之记忆 ———— 玲君

悠长又连绵地，

是那辽复的铃声吧。

如银色之吹管，

冷气透过做琥珀色神秘之林屋，

海上浮来薄晨的景色。

而又骤然变成苍老气息的，

翻开辉煌的古代旧事，

饶舌在迷茫的夜里。

我听见了，闪动在吉普色野火旁

那奇异的车铃的声音；

我听见了，在往昔莫斯科的迟暮，

那哥萨克骑队的马铃声音。

你交结了浮动的

青的天，水，树，梦于一色，

又魔法的摇去我的过去，现在，与未来，

作为时时思忆的依据。

可是，你终于断续的消没了，

只零落如过时蔷薇的花瓣，

传出单纯的

辽远之音。

注：选自 1948 年开明书店版《闻一多选集》中的“现代诗钞”。

南京

左舜生

南京，我要和你小别了！

我和你两年多的恋爱，

多谢你送给我许多自然的美，

莫愁湖边的柳，

复城桥上的月，

古道的台城，

暮色的钟山，

柳啊，月啊，

我愿你永远恋着你的湖，

照着你的桥，

我要和你小别了……

南京，我要和你小别了！

我和你两年多的恋爱，

多谢你送给我许多亲爱的朋友，

有的似雨花台畔的石，

有的似扬子江上的水，

有的叫我不能忘记，

有的拖住我的脚了。

让你系着，

让你拖住，

我要和你小别了。

南京，我要和你小别了

我和你两年多的恋爱，

也多谢你送给我许多的烦恼，

你把烦恼完全交付给我了，

我要和你小别了。

注： 写于 1919 年 2 月 14 日，选自上海崇文书局的《白话诗选》（许德邻编）。

教我如何不想她

刘半农

天上飘着些微云，

地上吹着些微风。

啊！

微风吹动了我的头发，

教我如何不想她？

月光恋爱着海洋，

海洋恋爱着月光。

啊！

这般蜜也似的银夜。

教我如何不想她？

水面落花慢慢流，

水底鱼儿慢慢游。

啊！

燕子你说些什么话？

教我如何不想她？

枯树在冷风里摇，

野火在暮色中烧。

啊！

西天还有些儿残霞，

教我如何不想她？

注： 1920年9月4日写于英国伦敦大学，收入1926年出版的诗集《扬鞭集》。诗人在这首诗中首创“她”字，沿用至今。赵元任先生曾为此诗谱曲。

希望 —— 胡适

我从山中来，

带得兰花草。

种在小园中，

希望花开好。

一日望三回，

望到花时过。

急坏种花人，

苞也无一个。

眼见秋天到，

移花供在家。

明年春风回，

祝汝满盆花。

注：载1920年亚东图书馆出版的诗集《尝试集》。

苦杯 —— 萧红

爱情的账目，

要到失恋的时候才算的，

算也总是不够本。

注：收入萧红的手抄诗集《心语》，原藏于北京鲁迅博物馆。诗稿共收录《可纪念的红叶》、《偶然想起》、《静》、《栽花》、《公园》、《春曲》（六首）、《苦杯》（十一首）、《沙粒》（卅六首）、《拜墓诗》、《一粒土泥》等六十首诗。《苦杯》在萧红生前从没有发表过，原稿共十一首，这里节选的是第三首。

失恋 —————— 徐雉

鸟儿栖息在树枝上；

树儿倒了，

它便去巢人家的栋梁。

但是，亲爱的姑娘！请告诉我，

假使栋梁也折了，

又叫它飞到何方？

鱼儿游泳在小河里，

河水枯了，

它便漂到汪洋的海里。

但是，亲爱的姑娘！请告诉我，

假使海水也干了，

又叫它向哪里找安身之地？

我年轻的时候，

我的心紧紧地系在母亲身上，

母亲死了，

我闲空的心便到处流浪！

后来碰着了一个美丽的姑娘，

就把她缠住了，

但是，亲爱的姑娘！请告诉我，

假使你不爱我，

我的心更向何处去求归宿？

注：写于1922年，收入诗集《雉的心》，1924年8月天津新中国印书馆出版，为《绿波社丛书》之一。

相遇已成过去

闻一多

欢悦的双睛，激动的心；

相遇已成过去，到了分手的时候，

温婉的微笑将变成苦笑，

不如在爱刚抽芽时就掐死苗头。

命运是一把无规律的梭子，

趁悲伤还未成章，改变还未晚，

让我们永为素丝的经纬线；

永远皎洁，不受俗爱的污染。

分手吧，我们的相逢已成过去，

任心灵忍受多大的饥渴和懊悔。

你友情的微笑对我已属梦想的非分，

更不敢企求叫你深情的微喟。

将来有一天也许我们重逢，

你的风姿更丰盈，而我则依然憔悴。

我的毫无愧色的爽快陈说，

“我们的缘很短，但也有过一回。”

我们一度相逢，来自西东，

我全身的血液，精神，如潮汹涌，

“但只那一度相逢，旋即分道。”

留下我的心永在长夜里怔忡。

注：载 1931 年版《新月诗选》。

诀绝

孙大雨

天地竟然老朽得这么不堪！

我怕世界就要吐出他最后

一口气息。无怪老天要破旧，

唉，白云收尽了向来的灿烂，

太阳暗得像死尸的白眼一般，

肥圆的山岭变幻得像一列焦瘤，

没有了林木和林中啼缘的猿猴，

也不再有山泉对着好鸟清谈。

大风抱着几根石骨在摩娑，

海潮披散了满头满背的白发，

悄悄退到沙滩独自叹息

去了：就此结束了她千古的喧哗，

就此也开始天地和万有的永劫。

为的都是她向我道了一声诀绝！

注： 写于 1919 年 2 月 14 日，选自上海崇文书局的《白话诗选》（许德邻编）。

无题 —— 许地山

转瞬间，一年又过去!

这一年中，故意想起你的死，

倒不甚令我伤悲，

反使我心充满了无量欢愉。

然而欢愉只管欢愉，

在无意识中，在不知觉中

我的泪却关锁不住;

妻啊，往事不必再提起。

再提也无益

你本是一个优婆夷，

所以你的涅槃是堪以赞美。

妻啊，若是你的涅槃，

　　还不到“无余”，

　　就请你等等我，

　　我们再商量一个去处。

如你还要来这有情世间游戏，

　　我愿你化成男身，我转为女儿。

我来生、生生、定为你妻，

　　做你的殷勤“本二”，

　　直服事你，

　　得“阿来辱多罗三藐二善提”。

注：诗前原有小序：“写于一九二一年十月二十三夜，梦中和爱妻月森谈话。这夜，是她死后的第一周年。”

题照相册 —— 杭约赫

我们从平静的小河里，
从反光的玻璃上，看到
多少熟悉得陌生的脸，
那是你的、我的，有时像

他的。匆忙的闪过，闪过
这短促的一生：忧患和
安乐的交替，风雨袭来——
婴儿大了，年轻的老了……

记忆给我们带来慰藉，

把捉一线光，一团朦胧，

让它在这纸片上凝固。

凝固了你的笑，你的青

春。生命的步履从这里

再现，领你来会见自己。

注：写于1949年初，选自《九叶集》，江苏人民出版社1981年版。

寄故人

汪铭竹

这次真的像一只浮萍，

一飘就是几千里；

只要风不再起自萍末，

可暂得一时之栖了。

如今我傍城垣而居，

有青山拥到门前；

大清早有人吹起

牛角号，其声呜咽。

想念江南蓝天底下的乡土；
斋中卷册已扫地，四壁里蜘蛛
遗下纵横咒文。对这
行云流水，我不敢再做白日梦。

此行一路好山水，
可惜都唐突了；
几时再回到家门前，
振落这一年蛮荒里的尘土。

注： 写于贵州铜仁后水门，载《纪德与蝶》1944 年诗文学社版。

月夜 ——————— 沈尹默

霜风呼呼的吹着，

月光明明的照着。

我和一株顶高的树并排立着，

却没有靠着。

注：载《新青年》1918 年第 4 卷第 1 号。

别离

郭沫若

残月黄金梳，

我欲掇之赠彼姝，

彼姝不可见，

桥下流泉声如泫。

晓日月桂冠，

掇之欲上青天难。

青天犹可上，

生离令我情惆怅。

注：这是作者少年时的一首诗，后曾自己译为白话。

第七辑

美开了一家当铺，专收人的心。

当铺 —— 朱湘

美开了一家当铺，

专收人的心。

到期人拿票去赎，

它已经关门。

注：载 1926 年 6 月《小说月报》第 17 卷第 6 号，收入《草莽集》，初发表时原题为《美》。“专收人的心”有的版本作“当去人的心”。最初发表时“去”原为“来”。

秋夜 —— 胡怀琛

半明半暗的月，

一丝两丝的风。

一样风和月——

但伴着一片虫声，

便知道是秋深了。

注：载许德邻编《白话诗选》（一名新诗三百首，1926 年上海崇文书局出版，中原书局印行）。

落叶的爱 —— 张爱玲

慢慢的，它经过风，

经过淡青的天，

经过天的刀光，

　　黄灰楼房的尘梦。

下来到半路上，

　　看得出它是要去吻它的影子。

地上它的影子，

迎上来迎上来，

　　又像是往斜里飘。

叶子尽着慢着，

装出中年的漠然，

但是，一到地，

金焦的手掌

小心覆着个小黑影，

如同捉蟋蟀——

　　“唔，在这儿了！”

秋阳里的水门汀地上，

静静睡在一起，

　　它和它的爱。

注：作者是小说家，留诗不多。这一首颇为惊艳，尤其最后两句难忘。

季候 —— 邵洵美

初见你时你给我你的心，

里面是一个春天的早晨。

再见你时你给我你的话，

说不出的是炽烈的火夏。

三次见你你给我你的手，

里面藏着个叶落的深秋。

最后见你是我做的短梦，

梦里有你还有一群冬风。

注：陈梦家先生评论说：“洵美的诗是柔美的迷人的春三月的天气，艳丽如一个应该赞美的艳丽的女人。”这首《季候》的风格恰如“春三月的天气”，是诗人转变诗风以后最初的尝试之一。诗风从颓荡改为清丽。

颓加荡的爱 ——— 邵洵美

睡在天床上的白云，

伴着他的并不是他的恋人；

许是快乐的怂恿吧，

他们竟也拥抱了紧紧亲吻。

啊和这一朵交合了，

又去和那一朵缠绵地厮混；

在这音韵的色彩里，

便如此吓消灭了他的灵魂。

注：载诗集《花一般的罪恶》（1928年5月，上海金屋出版社）。因为这首《颓加荡的爱》，邵洵美被戏称为颓加荡派。“颓加荡”是译音，原文Decadent，即堕落的，颓废的，贪图享乐的。

我，大衣

柳木下

天下雪哪

玻璃这样冷

隔着一层玻璃

我望着大衣

大衣也望着我

没有体温你冷吗 我说

没有大衣你冷吗 大衣说

隔着一层玻璃

我恋着大衣，

大衣也恋着我

大衣是为什么而制的 我想

大衣是为什么而制的 大衣想

天下雪哪

雪花飞来和我嬉戏

我走过去 走向四川桥

想着 大衣是为什么而制的

注： 作者为香港诗人，写于 1936 年 1 月。选自《香港新诗发展史》（人民文学出版社，犁青主编）。

渡头 —————— 柳木下

船篙拔起，

亲人就得分离，

愿你们去，

我留守在这里。

竹林，桑野，

阡陌，人居，

我们的爱，深埋在土里。

注：作者为香港诗人，此诗写于 20 世纪 30 年代，其余不详。选自《香港新诗发展史》（人民文学出版社，犁青主编）。

我们俩 —— 刘半农

好凄冷的风雨啊！

我们俩紧紧的肩并着肩，手携着手，

向着前面的“不可知”，不住的冲走。

可怜我们全身都已湿透了，

而且冰也似的冷了，

不冷的只是相并的肩，相携的手。

注：1921 年写于巴黎。

他 —— 唐俟

一

“知了”不要叫了，

他在房中睡着；

“知了”叫了，刻刻心头记着。

太阳去了，“知了”住了，——还没有见他，

待打门叫他，——锈铁链子系着。

二

秋风起了，

快吹开那家窗幕。

开了窗幕，会望见他的双靥。

窗幕开了，——一望全是粉墙，

白吹下许多枯叶。

三

大雪下了，扫出路寻他；

这路连到山上，山上都是松柏，

他是花一般，这里如何住得！

不如回去寻去他，——呵！回来还是我的家。

注：载 1919 年 4 月《新青年》第 6 卷第 4 号，唐俟即鲁迅先生。

去了 ——— 沈玄庐

别的没有东西可寄，——

　　只有泪！

泪也无从寄，——

　　除非梦里！

我为世人生，

　　难道我敢病？

去了真去了，——

　　墙边送我登车影。

注：载《恋歌》1926年3月渺漫沧波藏，傅绍先编。

我的爱情除以三

路易士

我的爱情除以三：

你，工作和烟草。

为你而工作，我说。

于是你骄傲了。

但你却没收了我的烟斗，

使我没精打采，凶霸得

如一善妒的泼妇。

善妒的泼妇是没福的，

因为她不懂

三位一体的哲学。

注：载《三十前集》，1945年4月上海诗领土社初版，为“诗领土社丛书第一种”。

卷烟 —————— 白文

卷烟撩开淡青色的小花
在笑容里有一个梦
你吹着一小蓬氛氲
从远远地向我走近。

不知何时我偃卧在这里
长久抬开我的倦眼
紫雾搭起一座宝塔
塔上开放淡青色的小花。

注：白文为沦陷区诗人，其余不详。

无题曲 —— 汪静之

悲哀是无边的天空，

快乐是满天的星星。

吾爱！我和你就是

那星林里的月明。

深深的根就是悲哀，

碧绿的叶是快乐。

吾爱！生在那上面的

花儿就是你和我。

海中的水是快乐，

无涯的海是悲哀，

海里游泳的鱼儿就是

你和我两人，吾爱！

悲哀是无数的蜂房，

快乐是香甜的蜂蜜。

吾爱！那忙着工作的

蜂儿就是我和你。

注：写于 1923 年秋。

别丢掉 —— 林徽因

别丢掉

这一把过往的热情，

现在流水似的，

轻轻

在幽冷的山泉底，

在黑夜，在松林，

叹息似的渺茫，

你仍要保存着那真！

一样是月明，

一样是隔山灯火，

满天的星，

只使人不见，

梦似的挂起，

你问黑夜要回

那一句话——你仍得相信

山谷中留着

有那回音！

注：写于 1932 年夏。

火 柴 —————— 闻一多

这里都是君王的

樱桃艳嘴的小歌童：

有的唱出一颗灿烂的明星，

唱不出的，都拆成两片枯骨。

注：1922 年 8 月，写于美国芝加哥。

秋叶 —— 陆小曼

一声声的狂吼从东北里

带来了一阵残酷的秋风，

狮虎似的扫荡得

枝头上半枯残枝

飘落在蔓草上乱打转儿，

浪花似的卷着往前直跑

你看——它们好像已经有了目标！

它们穿过了鲜红的枫林：

看枫叶躲在枝头飘摇，

好像夸耀它们的逍遥？

可是不，你看我偏不眼热！

那暂时栖身，片刻的停留；

但等西北风到，它们

不是跟我一样的遭殃，

同样的飘荡？不，不，

我还是去寻我的方向。

它们穿过了乱草与枯枝，

凌乱的砾石也挡不了道儿；

碧水似的秋月放出了

灿烂的光辉，像一盏

琉璃的明灯照着它们，

去寻——寻它们的目标。

那一流绿沉沉的清溪，

在那边等着它们去洗涤

满身沾染着的污泥；

再送到那浪涛的大海里，

永远享受那光明的清辉。

注： 写于 1939 年 10 月。陆小曼与徐志摩恋爱和结婚的故事很著名。徐志摩 1931 年因飞机失事遇难。

北极熊 —————— 俞铭传

铁栏里挤出饥饿的眼

穿透辽阔的青天

而又在白云上摔成了粉末。

北极熊跳着迟钝的回旋舞，

他的宇宙就是五立方尺。

那些游园的男女

在嫩绿的空气中走来走去

他们的指头剥着桔子皮，

他们的眉毛还在叙说着爱情呢。

跳着迟钝的回旋舞，

北极熊的宇宙就是五立方尺。

锁链吗？兀鹰的长喙吗？

你的讽刺乃是生生不息的

生生不息的 PROMETHEUS 的心肝！

注：PROMETHEUS 即普罗米修斯，西方神话中盗天火的神。此诗载《诗三十（又五首）》，收诗 35 首，1945 年北望出版社出版。

树 ——————— 艾 青

一棵树，一棵树

彼此孤离地兀立着

风与空气

告诉着它们的距离

但是在泥土的覆盖下

它们的根生长着

在看不见的深处

它们把根须纠缠在一起

注：1939 年写于桂林，收入诗集《旷野》（1940 年生活出版社）。

航海 —— 绿原

人活着，

像航海，

你的恨，你的风暴，

你的爱，你的云彩。

注：写于1949年。

故事 —— 唐祈

湖水这样沉静，这样蓝，

一朵洁白的花闪在秋光里很阴暗；

早晨，一个少女来湖边叹气，

十六岁的影子比红宝石美丽。

青海省城有一个郡王，可怕的

欲念，像他满腮浓黑的胡须，

他是全城少女悲惨的命运；

他的话语是难以改变的法律。

我看见他的兵丁像牛羊一样地

豢养，抢掠了异域的珍宝跪在他座旁。

游牧人被他封建的城堡关起来，

他要什么，仿佛伸手到自己的口袋。

秋天，少女像忧郁的夜花投入湖底，

人们幽幽地指着湖面不散的雾气。

注：写于1940年。

爱的三部曲

公 木

一、人家

不想见人家，

见了怕人家，

连一句话也不敢

跟人家说，

只是偷偷地看人家。

二、那人儿

那人儿向东去了，

朋友拉我往北。

我死也不往北！

三、爱人

爱人出嫁了，

丈夫不是我。

唉，抽棵烟吧！

注：1929 年作于北平师范大学，载《师大生活报》。

时序的挽歌

庐 隐

春去了，春去了！

万紫千红，转瞬成枯槁，

只余得阶前芳草。

和几点残英，

飘零满地无人扫！

蝶懒蜂慵，

者般烦恼；

问东风：

何事太无情，

一年一度催人老！

注：选自庐隐小说《幽弦》，题目为编者按文意所加。庐隐（1898 年 5 月 4 日至 1934 年 5 月 13 日）原名黄淑仪，又名黄英，与冰心、林徽因并称福州三才女。她与小九岁的清华大学学生李维建的爱情故事，颇著名。

旧梦 —————— 刘大白

恋人底小影，

只有恋者底眼珠，

是最适当的框子。

注： 载 1924 年商务印书馆出版《旧梦》。旧梦是一组小诗的总题目，这里选其一首。

心上的写真

刘大白

从低吟里，

短歌离了她底两唇，

飞行到我底耳际。

但耳际不曾休止，

毕竟颤动了我底心弦。

从瞥见里，

微笑辞了她底双唇，

飞行到我底眼底。

但眼底不曾停留，

毕竟闪动了我底心镜。

心弦上短歌之声底写真，

常常从掩耳时复奏了；

心境上微笑之影底写真，

常常从合眼时重现了。

注： 写于 1922 年。

苦乐美丑 —— 林损

乐他们不过，同他们比苦!

美他们不过，同他们比丑!

‘穷愁之言易为工’，

毕竟苦者还不苦!

‘糟糠之妻不下堂’，

毕竟美者不如丑!

注：林损为新文化运动时期北京大学教授。此诗载许德邻编《白话诗选》（一名新诗三百首，1926 年上海崇文书局出版，中原书局印行）。

泪 ———— 臧克家

你已经生活在

你哭泣着要去的地方，

为什么，你的眼睛

还是不晴朗？

泪，泪是什么？

该不是，要口口过去

口出去的珍珠，

而是它的茔墓。

注：载1946年《诗文学》（华北小型版，魏荒弩主编），有三字难以辨认，以“口”代之。喜其清丽质朴，特收入。留下三字悬念，请读者来猜。看哪三字最妥帖。

归舟 —— 钱君匋

水浪，舞女的眼波样，

拍着我的归舟。

荡着笑涡的圆圆的萍。

橹声和岸边草莱间的水声对语着，

现代的妩媚的情话哪。

流云和野鸟的影在水心了，

织成往昔的宫锦一样，

不，看他又分散了。

注：载《诗歌月报》1934 年第 8 期，作者诗书画印俱佳，曾任西泠印社副社长。

怕 —— 白夫

你哭泣着说：

“我怕”！

啊，怕什么？

是豺狼——

还是妖魔？

不，孩子！

你该怕的，

是能毁灭你灵魂的，

阻止你踏进乐园的人

和某些由他所产生的。

注：写于 1942 年秋，载沪江书屋 1947 年版《白夫诗册》。白夫原名章荣奎，是当时上海国际大饭店的招待员。电影明星白光曾入驻这家饭店，二人相识并发展成为好友。白夫说：“我写了《大饭店》后，所作的新诗，已累积了四五十首。到时要版印就等着题个笔名。那时用白姓的艺人很多，如白云、白杨、白虹及白光等。我想笔名该简单易记，不然就要特致新奇，使读者牢记不忘，就决定取名白夫，即清白卓越男汉之意。”作者与白光来往密切，所以上海的小报就有了白夫是“白光之夫”的花边新闻。白光的真名叫史永芬，白夫在《与我同行》一诗的题下专门写上副题《献给永芬》）。

百无聊奈者之歌 —— 郁达夫

他在远方，他在远方，

青而柔的春之空，

晨钟远远一声扬！

不知来何从。

只有一声，确是只有一声，

向往令我心深疼，

烦闷，烦闷，

我在十分思慕君！

注：本诗由郁达夫先生用德文写成，由郭沫若先生译为中文。

春风和杜鹃 —— 秋蘅

春风说，“我去了”，

收拾桃花的碎片，

在水上写下留别的诗。

杜鹃说：“你慢走”，

咽下了叶上的露水，

唱出来一首凄惨的歌。

注：载 1933 年 12 月《明天》创刊号。

我是不会变心的 —— 何达

我是不会变心的，

就是不会变。

大理石

雕成塑像，

铜

铸成钟，

而我这个人，

是用忠诚制造的！

即使是破了，碎了，

我片片都是忠诚。

注：何达是香港诗人。此诗还见到另外一种版本，在末句后又有很长的文字，疑为衍文。诗贵凝练，当止则止。

灯 下 —————— 李广田

望青山而垂泪，

可惜已是岁晚了，

大漠中有倦行的骆驼

哀咽，空想象潭影而昂首。

乃自慰于一壁灯光之温柔，

要求卜于一册古老的卷帙，

想有人在远海的岛上

伫立，正仰叹一天星斗。

注：载 1936 年出版的《汉园集》(三位青年诗人的合集，内收何其芳的《燕泥集》、李广田的《行云集》、卞之琳的《数行集》)。

泥土 —— 鲁藜

老是把自己当作珍珠，

就时时有被埋没的痛苦。

把自己当作泥土吧，

让众人把你踩成一条道路。

注：写于 20 世纪 40 年代。

到邮局去 —————— 应修人

异样闪眼的繁的灯。

异样醉心的轻的风。

我带着那封信，

那封紧紧地封了的信。

异样闪眼的繁的灯。

异样醉心的轻的风。

手指儿近了信箱时，

再仔细看看信面字。

注：此诗明显受到古典文学影响。最后两句就是唐朝诗人张籍的《秋思》“复恐匆匆说不尽，行人临发又开封”的白话翻译。

那一晚

陈梦家

那一晚天上有云彩没有星，
你挽了我的手牵动我的心。
天晓得我不敢说我爱你，
为了我是那样年青。

那一晚你同我在黑巷里走，
肩靠肩，你的手牵住我的手。
天晓得我不敢说我爱你，
把这句话压在心头。

那一晚天那样暗人那样静，

只有我和你身偎身那样近。

天晓得我不敢说我爱你，

平不了这乱跳的心。

那一晚是一生难忘的错恨，

上帝偷取了年青人的灵魂。

如今我一万声说我爱你，

却难再挨近你的身。

注：载《梦家诗集》（1931）。

雪花的快乐 —————— 徐志摩

假若我是一朵雪花，

翩翩的在半空里潇洒，

　　我一定认清我的方向——

　　飞飏，飞飏，飞飏，——

这地面上有我的方向。

不去那冷寞的幽谷，

不去那凄清的山麓，

　　也不上荒街去惆怅——

　　飞飏，飞飏，飞飏，——

你看，我有我的方向！

在半空里娟娟的飞舞，

认明了那清幽的住处，

　　等着她来花园里探望——

　　飞飏，飞飏，飞飏，——

啊，她身上有朱砂梅的清香！

那时我凭藉我的身轻，

盈盈的，沾住了她的衣襟，

　　贴近她柔波似的心胸——

　　消溶，消溶，消溶，——

溶入了她柔波似的心胸。

注：此诗写于 1924 年 12 月 30 日。发表于 1925 年 1 月 17 日《现代评论》第一卷第 6 期。胡适《追忆志摩》中说："他的人生观真是一种单纯的信仰，这里面只有三个大字：一个是爱，一个是自由，一个是美。……他的一生的历史，只是他追求这个单纯信仰实现的历史。"（《新月》四卷一期《志摩纪念号》）这首诗，可和胡适的评价对读。